槑好·南京

岁华忆语

The customs of Nanjing

阿槑 著绘

南京出版传媒集团
南京出版社

图书在版编目（CIP）数据

岁华忆语 / 阿槑著绘. -- 南京：南京出版社，

2016.9
（槑好南京）
ISBN 978-7-5533-1526-3

Ⅰ.①岁… Ⅱ.①阿… Ⅲ.①风俗习惯—南京—通俗读物 Ⅳ.①K892.453.1-49

中国版本图书馆CIP数据核字(2016)第222900号

书　　名：岁华忆语
作　　者：阿　槑
出版发行：南京出版传媒集团
　　　　　南　京　出　版　社
　社址：南京市太平门街53号　　邮编：210016
　网址：http://www.njcbs.cn　　电子信箱：njcbs1988@163.com
　联系电话：025-83283893、83283864（营销）　025-83112257（编务）

出 版 人：项晓宁
出 品 人：卢海鸣
责任编辑：崔龙龙
　　　　　朱天乐
装帧设计：阿　槑
责任印制：杨福彬

排　　版：南京新华丰制版有限公司
印　　刷：南京顺和印刷有限责任公司
开　　本：700 毫米 × 1000 毫米　1/16
印　　张：10.5
字　　数：300 千字
版　　次：2016 年 10 月第 1 版
印　　次：2024 年 3 月第 5 次印刷
书　　号：ISBN 978-7-5533-1526-3
定　　价：39.00 元

用微信或京东
APP扫码购书

用淘宝APP
扫码购书

无论是闹市高楼，还是寻常巷陌，都充溢着一种浓浓的暖暖的人情味儿，这就是我的家——南京。

序言

闲话阿槑

十年前，南京荧屏上刚刚出现我的方言节目《听我韶韶》时，片头就是一个秃头秃脑、呆头呆脑还满嘴络腮胡子的老吴形象，跌跌撞撞从中华门里跑出来，然后公交车从我脑门上呼啸而过——这就是本书作者金立峰为我设计的第一个动漫形象，也是至今我认为设计最好、且为广告商广泛运用最多的一个头像。尽管我的妻子不大喜欢这个形象，说把我头发画得太稀太少、人画得太土太老，而且就这个倒霉样子怎么还一出门就给汽车轧了？所以她多次叫我到电视台去把这个形象换掉，最好画个像刘德华、胡歌那样英俊潇洒的才好。但我尊重作者原创，一直没去电视台抗议，任它沿用至今。并且这个形象后来连同我的商标被许多人注册，且转手卖了数十倍的好价钱。我也始终没向金立峰先生提及这个小小的插曲。

我觉得，他的漫画真的很好。线条粗犷，重在神似。那个呆头呆脑的形象，颇有几分“南京大萝卜”的神韵，符合南京人宽厚、善良且略带几分粗鲁刚烈的气质，准确说，入木三分，画到我骨子里去了（有点儿王婆卖瓜，自卖自夸的意思了）。认可漫画，这便认识了漫画作者本人金立峰，一个小我 20 岁的年轻人。如果说我是老南京，他就是一个小南京了。七〇后人，从小生活在老城南，只不过我是老门东，他是老门西。他说他打小喜欢南京，每天路过上浮桥去升州路小学读书，弓箭坊的市井叫卖声，不绝于耳；彩霞街的酒酿小担，清脆的竹梆回味悠长……放学了，和同学在深街小巷里躲猫猫，柳叶街头的斑驳夕照，秦淮河上的微微熏风，都让他陶醉不已！2000 年，南京城大拆大建，看着一片片他熟悉的老宅民居不断消失，他的心像猫抓一样。他觉得他应该为生他养他的家乡做点什么，为渐行渐远的老城南留下点往日的印象。于是，他举起手中的相机，争分夺秒地拍摄那些即将消逝的景物，他用他最熟悉的艺术方式——漫画，重新还原老城南渐行渐远的风土人情。

用情十年，珠胎暗结。2010 年，他用照相机，留下了近千张拆迁老宅的图片；也用他的生花妙笔，创作出了阿槑的艺术形象。他以阿槑为主人公，制作了几十个动画短片和上千幅动漫插画，渐次在国

内、国际画展上亮相，连续两年获得南京“金梧桐”文化创意大奖。阿槑也通过了南京重点文化项目的评审，阿槑荣获新浪江苏幸福大使。所以，今天他就以阿槑为串联，创作了这套《槑好南京》。

朱自清说过，逛南京城就像逛古董铺子，俯拾皆是时代痕迹。打开金立峰的《槑好南京》，就像一头钻进老城南的寻常巷陌，夫子庙的秦淮小吃，水西门的盐水鸭，莲子营的糖粥藕……琳琅满目，四季知味。假如你吃饱喝足，还想知道一下这些美味的历史，那你就翻开书页，继续沿着尚未拆迁完毕的残墙破瓦走进去，他会告诉你，白鹭洲名字的由来，总统府那只不系舟为何没有漂走，中山陵的美龄宫为什么像水滴吊坠，徐达后花园里那神奇的一笔“虎”字又是哪个人的大手笔……如果你逛上兴来，继续在时光隧道徜徉，那老南京的正月初二回娘家、正月初三老鼠娶亲、正月十八才落灯……这些千百年的风俗像一幅幅慢慢展开的历史文化长卷，上面印满时光足迹：你会知道，为什么南京人正月里头不剃头，为什么二月八就冻死老母鸭；你会吃惊地发现，我们的老祖宗，几百年前就懂得现代养生之道，“南京人，不学好，一口白米一口草”……于是你在恍惚中，觉得面前打开的不是一本书，而是一桌美轮美奂的街巷小吃，咀嚼美味时，分明又品尝了历史的味道，在回味中你又惊喜地发现，这就是你成长的深厚土壤，是裹挟你一辈子的乡风乡俗！

这么厚重的一套书，金立峰居然相中了我，请我帮他写个序。代人写序本就是件难事，好比出差，不晓得是男是女，头大头小，人家就托你帮忙买顶帽子；更难的是，这本书开头的第一个字：“槑”，就难倒了我。这两个呆呵呵并肩而立的呆子是个什么字？二呆，还是二胡？幸好金兄并非有意为难我，告诉我读“Méi”，他创造的这个阿槑就是一个和他同龄的南京70后、80后的缩影，一个城南长大的孩子。可我看这个呆呵呵的大头宝宝，怎么看怎么像画他自己。而且这个“槑”字到底是什么意思啊？偷偷去网上查一查，原来就是梅花的“梅”字古体。哦，我明白了，因为南京的市花就是梅花，所以金兄选了这么生僻的一个古字，显得很有学问，也还说得过去。可是，汉字讲究象形，毕竟是两个呆子站一起，还勾肩搭背的，成何体统？我凝视着这个“槑”字，脑海里滑稽地浮出“两个呆子鸣翠柳，一行白鹭上青天”的诗句来，不伦不类，还有些尴尬；再回过味来想一想，白鹭洲畔两个痴迷于南京文化的呆子并肩而立，一老一小，或苦思冥想，或仰天浩叹——咦，这个字倒真有几分像我和他的形状嘛。

吴晓平

2016年8月31日

目 录

三新池

立春

東風解凍 蟄蟲始振 魚陟負冰

【正月初一】过新年

开门爆竹迎新年

正月初一清晨，五点刚过，天蒙蒙亮，阿槑和老爸便起床点炮仗了。南京人正月初一的第一件事就是争先恐后放新年的“开门炮”。这意味着开门大吉，也宣告新年开始。全城一片爆竹声，象征送旧迎新和接福，俗谓“接年”。大家都用鞭炮迎接新春，看谁家的响声大，响得时间长，看谁家的烟花品种多，各式各样的鞭炮预祝着新年吉祥如意，兴旺发达。

开开心心压岁钱

开门爆竹声渐渐消散，阿槑和老爸又回屋里睡回笼觉了。南京人讲究正月初一不拜年，要在家睡元宝觉。一觉睡到自然醒，阿槑第一件事就是摸摸枕头底下，不出所料摸到了一个红包，那是爸爸妈妈给的压岁钱！阿槑一家人高高兴兴地起床，从头到脚换了一身崭新的衣服，洗漱完毕，爸爸妈妈就领着阿槑去爷爷奶奶的房间里拜年了。阿槑最开心的就是给爷爷奶奶磕头拜年了，会有丰厚的压岁钱拿。阿槑给爷爷奶奶说了好多吉祥话，还磕了头，爷爷奶奶勉励阿槑在新的一年里学习长进，好好做人。于是大红包到手了！

甜甜蜜蜜八宝饭

新年的第一顿早饭非常非常重要，这关系到一年的幸福。要想一家人日子过得幸福甜蜜，必须要吃——八宝饭。

传统的八宝饭就是在蒸熟的糯米上放入八样干果，摆成漂亮的花式。这八样干果的选择上都很有讲究，每种都有着不同的吉祥寓意。软软黏黏的糯米饭上嵌着各种果仁蜜饯、红丝绿丝，糯米饭里拌着被荤油浸过的豆沙馅，吃上一口，从嘴里一直甜到心里。

正月初一的早晨，阳光暖融融地照进堂屋，阿槑一家人一起吃着香甜的八宝饭，今年一切都会幸福甜蜜！

莲子 - 百年好合
金桔 - 吉利
蜜樱桃 - 甜甜蜜蜜
瓜子 - 平安无灾
红枣 - 早生贵子
薏仁米 - 长寿
桂圆 - 团圆
绿梅丝 - 长寿
红梅丝 - 一帆风顺

不动扫帚不扫地

相传正月初一为扫帚生日，这一天不能动用扫帚，否则会扫走运气、破财，而且会把“扫帚星”引来，招致霉运。这一天也不能往外泼水倒垃圾，怕因此破财。

HAPPY
BIRTHDAY

扫帚的生日

【正月初二】回娘家

正月初二是回娘家的日子。槑妈一大早就梳洗打扮好，和老爸一起带着阿槑拎着烟酒点心，开开心心地去外公外婆家拜年。对于阿槑来说，过年就是有吃有喝有玩还有压岁钱！

这一天，阿槑的两个姑妈姑爹也会全家出动给爷爷奶奶拜年。初二街上的人多了起来，南京人的走亲访友的拜年模式开启了！

【正月初三】早安睡

正月
初三

从除夕夜到正月初二，大家都守夜看电视，走亲访友添劳累，到了初三这天便可以安睡迟起，好好调理调理身体，养足精神。槑妈让阿槑早点上床睡觉，不要再看电视了。阿槑哪里肯依，靠在床上还不依不饶地看着电视，闹着肚子饿要吃东西。槑妈无奈地摇头，又不好发火，哎，过年就是这样！

等刻儿，我肚子有点饿了，妈！再给我吃个苹果！
早点睡觉咯！

“老鼠娶亲”日

正月初三早睡迟起还有一个原因，这一天晚上传说是“老鼠娶亲”的日子。入夜后，家家户户就必须早早熄灯就寝，让老鼠们安安心心地举行婚礼，并在家中各处撒盐与米作为贺礼，意思是要与“老鼠分钱”。这样老鼠们得了人的好处，所谓“拿人手短，吃人嘴软”，这一年就会不闹耗子。

【正月初五】接财神

转眼到了正月初五，这可是很重要的日子，接财神！话说财神爷从天上又回到人间，财神可不是一个人，俗称五路财神，分别是：王亥（华商始祖），文财神：比干（东）、范蠡（南），武财神：关公（西）、赵公明（北）。作为专管人间钱财的神，财神们可是相当受欢迎的，看谁接得早接得隆重，财神才会进你家门。初四的夜里靠近零点时分，接财神的爆竹就噼噼啪啪此起彼伏。接财神讲究要放爆竹，放得越响时间越长财神越喜欢。所以大家就铆足了劲去大鸣大放！

雨水

獺祭魚

鴻雁來

草木萌動

【正月十三】上花灯

年过得真快！眨眼都要到正月十五元宵节了。南京人又把元宵节称为过小年，可见对元宵节还是非常重视的。眼看着已是正月十三了，正是上灯的日子，夫子庙里里外外都挂满了花灯。

【正月十五】闹元宵

南京夫子庙的“元宵灯会”可以说闻名世界了，南京的元宵灯会又称为“秦淮灯会”，有“天下第一灯会”和“秦淮灯彩甲天下”的美誉，是首批国家级非物质文化遗产。

阿槑家每年元宵节的晚饭后都全家出动去逛灯会，这也是南京人过元宵节的一大习俗。每年元宵灯会期间，南京夫子庙赏灯的人能超过几百万人次，人头攒动，摩肩接踵，整个夫子庙沉醉在一片欢乐祥和的彩灯海洋之中。

南京有个出名的四喜汤团，听着名字就让人觉着吉祥喜庆，能不去尝一下吗？！四喜汤团是一个小碗里，盛有四个不同形状、不同馅儿的汤团，分别是芝麻糖、豆沙、枣泥和鲜肉馅，形状也分全圆、扁圆、椭圆和带个小辫子的来区别。一碗下去，既能尝到不同的口味还能吃饱肚子，真是两全其美。

四喜汤团

【正月十六】爬城墙

正月十六的一大早，爷爷奶奶就把阿槑喊起来了。今天是“爬城头，走百病”的日子。吃过早饭，爷爷奶奶便拖着一个寒假养得肥肥胖胖的阿槑去中华门城堡了。

在南京民间，一直有“正月十六爬城头，踏太平，走百病”的习俗，清人甘熙在《白下琐言》中写道：“岁正月既望，城头游人如蚁，箫鼓爆竹之声，远近相闻，谓之‘走百病’，又云‘踏太平’。”

【正月十八】落灯

元宵节的灯会热热闹闹了三天，终于到了十八落灯了。整个新年，到了正月十八，已经是尾声了。这一天晚上，阿槑家吃了一顿美味的鸡汤面，奶奶说“上灯元宵落灯面”，这面是“常来常往”的意思，正是向这快乐美好的新年告别。

南京有个俗话“过了正月半，大家把活干”，十八落灯以后，都恢复平常状态，开始一年忙碌的工作。阿槑也从这吃喝玩乐的好日子里醒来，即将面对寒假结束，开学报到的生活。

努力吧少年！赶紧把没完成的寒假作业赶完！

梅花山上【看春梅】

赏梅是南京人的习俗，每年初春乍暖还寒时，阿槑一家会找一个阳光明媚的日子，一起去梅花山赏梅，各种颜色的梅花渐变成一片绚烂的彩霞，云蒸霞蔚，在整片梅花山上空摇曳。

梅花山有“中国第一梅山”的称号。南京种植梅花的历史始于六朝，至今已经有一千多年。梅花山最为珍贵的就是“别角晚水”品种的梅花，也是阿槑最喜欢的一种梅花。“别角晚水”的花是淡玫瑰红色的，花瓣层层叠叠，多达四十五瓣，花蕊里有碎瓣婆娑飞舞，香气浓郁，花香扑鼻。因为它开放时常有花瓣开得不完全周正，花瓣边缘常有凹陷，称之为蹩脚，取其谐音为“别角”，花期又较晚，花色水红，所以取名为“别角晚水”，这是梅花山的“镇山之宝”。

别角晚水

驚蟄

桃始華 黄鸝鳴 鷹化爲鳩

【出九了】

阿呆把九九消寒图最后一瓣梅花的颜色涂好，爷爷的“庭前垂柳珍重待春风”的描红写完后，数九寒天已经说再见了。大人小孩脱去捂了一冬天的棉衣、棉裤，身上顿时轻松起来。都说南京的春天短，年轻人都要趁着大好春光“时髦”一把！

阿呆小时候，那些叔叔阿姨都会打扮得特别的前卫，虽然在今天看起来比较土了，但是在那个年代，从阿呆的眼里看来是多么的新潮啊！

【春雷响】

种个萝卜花

惊蛰这几天雨下个不停。南京的早春正是多雨的季节，白天还好只是丝丝细雨，而一到夜里雨就大了，随着瓢泼的雨声，隐隐响起地春雷，所谓“夜来风雨声，花落知多少”，这夜的雷雨将刚刚满城绽放的春花蹂躏得一片狼藉。到第二天清晨，雨已经停了，又是一片大好春光。

阿槑种的慈姑已经发出了翠绿的芽，爷爷从厨房里找了一个已经放得空心的大红萝卜，给阿槑做一个好玩的萝卜花篮。爷爷将大萝卜切掉一小半，留下带萝卜缨子的大半个。将萝卜的瓤子挖掉，再用铁丝穿过萝卜皮，做了个篮子柄，又找了棵白菜将白菜心摘出来放在萝卜花篮里，待萝卜花篮风干了后，爷爷便往花篮里浇了水，将萝卜花篮挂在走廊，并嘱咐阿槑，记得每天要勤换水，千万不能让萝卜花篮里烂掉。阿槑拍着胸脯答应了！

随着阿槑的精心照顾，萝卜花篮里的白菜舒叶开花，花篮底的萝卜缨也很争气地长得郁郁葱葱，还迸出了好多花骨朵，招引得蜜蜂围着嗡嗡打转。

①
②
挖空
③
系绳
两侧钻孔
④
大白菜底部
放入
⑤
经常浇水

萝卜花制作流程

【二月二】龙抬头

过了正月，转眼就到了二月初二。俗话说二月初二龙抬头，到底是什么意思呢？爷爷跟阿槑说，农历二月初二是天上主管行云布雨的龙王抬头的日子，从此以后，雨水会逐渐增多，因此二月二也叫“春龙节”。老南京有个谚语：“二月二，龙抬头，蝎子、蜈蚣都露头。”

槑妈拽着阿槑到理发店去剃头了。二月初二这天，南京大街小巷理发店的师傅特别忙碌，二月二在南京民间一直有“理发去旧”的说法。给小孩理发，叫“剃喜头”，借龙抬头之吉时，保佑孩子健康成长，长大后出人头地；大人理发，叫“剃龙头”，辞旧迎新，希望带来好运。

吃龙耳、扶龙须

二月初二这一天一早，奶奶给全家每人特别下了一碗阳春面。这天吃面不叫吃面，叫作“扶龙须”。晚上奶奶又给全家人包了韭菜肉的饺子吃，然而奶奶说这饺子在今天也不能叫吃饺子，而称作“吃龙耳”，奶奶还说在今天吃馄饨叫“吃龙眼”。据说这些称谓都是为了唤醒龙王，祈求龙王保佑一年风调雨顺，获得好收成。真不知道龙王听到后自己会怎么想。

奶奶说二月初二也有许多“不能做”的规矩。比如这天妇女就不准动针线，以免伤了“龙眼”。人们也不能从水井里挑水，而是要在头一天就将自家的水缸挑得满满当当，据说是怕触动了“龙头”。阿槑长出了一口气，幸亏我们家装了自来水！

【二月八】

冻死老母鸭

张王老爷过生日

老南京人对二月八这个日子用两句俗语来表达：一是“二月八，冻死老母鸭”，另一句则是“二月八，张王老爷吃冻食，请客风，送客雨”。

每年二月初八前后几天，老天爷都一改往日的笑脸，一阵疾风冷雨倒春寒，让才感受几天春日温暖的人们又回到了“冻手冻脚”的大冬天，还真验证了“二月八，冻死老母鸭”这句谚语。

奶奶告诉阿槑，每年二月初八是张王老爷的生日。张王老爷原名张渤，西汉人，是负责江南水利的官员。张渤曾成功治理胥河至太湖的水患，后又治理广德的无量溪，不幸积劳成疾，以身殉职。后来被神化封为“祠山大帝”。

张王老爷过生日要请亲朋好友一起欢聚啊，因为他是管理水利的神，所以请客送客时自然携风带雨了。这也是二月八前后会刮风下雨气温降的一大原因。而过了这一天，就不会再有冰冻，温暖的日子算是真正到来了。

【早春野菜】是个宝

老南京有个顺口溜：“南京人，不识好，只拿野草当个宝。”这里说的“野草”就是南京人春天最爱吃的各式各样的时令野菜。

春天一到，惊蛰刚过，草长莺飞，万物复苏。这时的小把戏（小孩）脱了老棉袄、老棉裤，轻松快活得不得了！就跟着长辈拎着菜箩、拿把小铲子，到南门外雨花台、菊花台挑野菜！南京人挖野菜的地方集中在紫金山、雨花台、玄武湖、牛首山、江心洲、八卦洲等地，其中以南郊野菜最多，种类最全。

在这一段时间里，阿呆家的饭桌子是一片绿色！

南京人常吃的七头一脑

香椿头

马兰头

苜蓿头

枸杞头

菊花脑

豌豆头

荠菜头

野蒜头

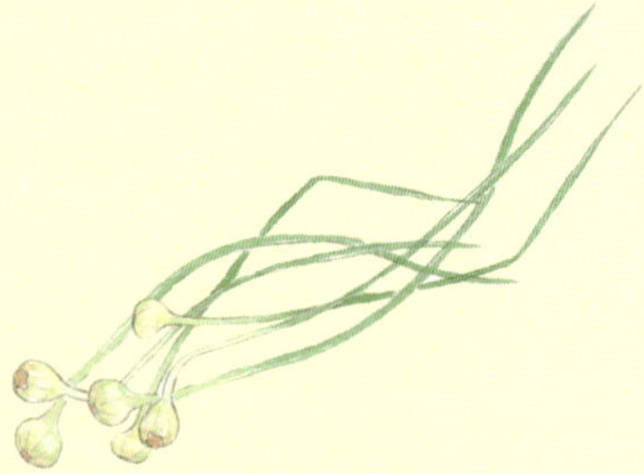

春分

玄鳥至　雷乃發聲　始電

【春分】立鸡蛋

春分这一天，爷爷喜欢给阿槑变一个魔术：立鸡蛋。爷爷可以硬生生地把生鸡蛋立在桌子上。这让阿槑非常惊奇，好奇的阿槑便追着问原因。原来春分是南北半球昼夜都一样长的日子，呈 66.5 度倾斜的地球地轴与地球绕太阳公转的轨道平面处于一种力的相对平衡状态，容易将鸡蛋竖起来。据史料记载，春分立蛋的传统起源于四千年前的中国，这一天立鸡蛋是为了庆祝春天的来临。

荠菜开花赛牡丹

传说三月三是荠菜花生日，老南京有个顺口溜："三月三，荠菜花开赛牡丹！女人不戴没钱用，女人戴了粮满仓！"

快到三月三，荠菜花的十字形就像一把小伞绽放，这时候的荠菜已经有些老了，不适合直接吃了。南京人有用荠菜花煮鸡蛋的习惯，说是可以治头昏、头痛的毛病呢。这天一早，奶奶就把新鲜的荠菜花洗干净，和鸡蛋一起放到锅里头，放些水煮开喽，歇刻儿小火再笃上一段时间，让汁水尽可能释放，再煮片刻即可出锅，荠菜花水煮鸡蛋便大功告成。煮出来的老鸡蛋去了壳，呈淡淡的绿色，和着荠菜的清香，阿槑吃早饭时一口气吃了两个，今天上学倍儿有精神！

每年三月三前后，都会有刮风下雨气温陡降。老南京有个俗话："三月三，冻得把眼翻。"这也是春寒对欣欣向荣的满眼春色杀的最后一记回马枪。在此之后，春天的脚步再也无法阻挡了。

荠菜花煮鸡蛋

【忙趁东风放纸鸢】

春天到了，脱了厚重的棉衣，就要好好享受一下这大好春光了。沐浴在和煦的阳光和暖暖的春风里，阿槑和小伙伴们最爱的活动就是放风筝了。

说到放风筝，还真是起源于南京的。早在公元 549 年，这风筝就被用来传送消息了。据《独异志》记载：“侯景围台城，简文帝作纸鸢，风空告急。”从春分到清明，是放风筝最好的时间，阿槑他们都会到城南的雨花台、中华门城堡等开阔的地方去放风筝。当一阵春风拂过，风筝凌空高飞飏，大家一起欢呼，真是一件赏心乐事！

蝴蝶风筝

金鱼风筝

龙头蜈蚣风筝

沙燕风筝

蜻蜓风筝

南京人制作风筝，不比潍坊的差。南京的风筝种类很多，有黑色的沙燕、美丽的蝴蝶、灵活的蜻蜓，还有会翻眼睛的金鱼风筝等。最吸引人的也是放飞难度最大的就是龙头蜈蚣风筝了。龙头蜈蚣风筝的头是立体的，后面的节最多能有一百多节，全长能达二十多米。这种风筝升空需要风向和风力的配合，升空一刹那对放风筝人的技术也是个考验，如果拿捏不准，风筝就会失控栽下来。当龙头蜈蚣成功地飞上天，所有人都会瞩目欢呼，这条“巨龙”越飞越高，在云中翻转穿梭，让其他所有的风筝顿时黯然失色。

而阿呆这些小孩放的风筝就太简陋了，只是用白纸糊的四四方方，拖着两条尾巴的方块风筝，不过阿呆他们依然玩得很开心，重在参与嘛！

【唯春光与春花】

不可辜负

鸡鸣寺的樱花路

春季赏花是南京人的一大乐事，早春的南京很多地方都有樱花，但是鸡鸣寺的樱花绝对是最有名最壮观的。每年三月是鸡鸣寺樱花开得最盛的时候，从“中央研究院”旧址到解放门，路两旁的樱花如雪般绽放，再衬托古朴典雅的鸡鸣寺，显得格外有韵味。

由于这条路窄，站在小路的一头往另一头看，道两边的樱花树靠得很近，树冠稍大些就彼此挨着，蜿蜒向前，就像一片白云。虽然樱花的花期很短，但是每年鸡鸣寺赏花时期，都是人潮如织。一到樱花季，鸡鸣寺路就是南京最美的地方。

南理工的二月兰

二月兰是诸葛菜的雅称，名字里有“菜”字，说明它是可以吃的，而称之为“兰”，说明它除了能吃，还是可以用来欣赏的妙物。二月兰是一种常见的野花，花朵不大，蓝紫色。如果只有一两棵，是很难引起人注意的。但是它却是成片绽放的，生命力极其顽强，春天一到，最初只有一朵、两朵，但是一转眼，就能变成千朵、万朵，一开花满满一大片地方都被染成紫色。

二月兰

二月兰最有规模最壮观的地方是南京理工大学，每年都有很多人慕名去观赏，他们亲切地称呼为“南理工的二月兰”。

二月兰和南京有着不解之缘，它和南京人性格有很多相像，坚忍不拔，顽强生长，充满着蓬勃的生命力。因此，二月兰成了侵华日军南京大屠杀遇难同胞纪念馆的标志，有了一个新的好听名字：“紫金草”。

清明

桐始華

田鼠化爲鴽

虹始見

【清明】喝新茶

又是一年一度的新茶上市了，爷爷和爸爸都喜欢喝茶，作为南京人要喝的当然是南京地产的雨花茶了。雨花茶是南京的特产，是 20 世纪 50 年代末引种创制的茶中珍品，曾获中国食品博览会银奖，是中国经典名茶，中国十大名茶之一。

雨花茶以碧绿的茶色、清雅的香气、甘醇的滋味闻名。雨花茶最好的自然是明前雨花了，一叶一芽，茶入水即沉，冲泡后茶色碧绿、清澈，香气清幽，品饮一杯，沁人肺腑，齿颊留芳，滋味醇厚，回味甘甜。不过那价格就非一般人能消受得起了。每年春天爸爸都是买些比明前茶要便宜些的雨前茶，和爷爷一起享受这春天的清香。

【寒食】吃春团

清明节前一或二日。在这一日，禁烟火，只能吃冷食，所以叫作“寒食节”。寒食节是为了纪念介子推的，前后绵延两千余年，曾被称为中国民间第一大祭日。寒食节是中国传统节日中唯一以饮食习俗来命名的。后来寒食节禁烟火的习俗已经无人遵守，而寒食节吃春团的习惯却流传下来。

春团，江南一带普遍称“青团”，南京人也叫“清明团”或“草团”。春团的绿色素来源于麦浆草，一种只在清明前后出现的植物，所以春团一年当中也只有在这段时间才有的吃，当谷雨一过，麦浆草老了，要吃也就要等明年的光景了。

麦浆草

雨花台烈士纪念碑

清明【上坟习俗】

“清明时节雨纷纷，路上行人欲断魂。”每到清明前后，又是一年一度扫墓的日子，南京人叫“上坟”，这不是所谓的封建迷信，而是一种习俗，是对故去先人的尊敬和怀念。清明节前，阿槑学校也会组织他们徒步去祭扫雨花台烈士陵园，表达对革命先烈的哀思。

南京有个俗语：“城里人怕上坟，乡下人怕进城。”南京人的坟地大部分都集中在城南从雨花台到江宁一带，那时候郊区有专门的郊区线公交车，每到这段时间都挤得满满的。上坟时必带的是酒、祭菜和香烛以及锡箔叠成的金银锭。老南京人的祖坟都有相熟的守坟人，也就是俗称的“坟亲家”。上坟的人一定要先去坟亲家家里坐坐，由“坟亲家”陪你到坟山。上完坟要给“坟亲家”一些酬谢，至于所带的祭菜自然归“坟亲家”所有。

阿槑家的祖坟在雨花台一带，每次上坟归来，爸爸都会折一枝柳条回来插在家门口，作为辟邪。清明这一天，全城都有人放风筝，南京的风俗，一年的风筝放到清明为止，清明后再放风筝，会被认为有晦气。

阿槑最开心的就是上坟归来，爸爸总会帮他在山下的小池塘边捉一罐头瓶的小蝌蚪。漆黑的小蝌蚪像一个个活泼可爱的“逗号”，可以陪阿槑度过整个春天。

穀雨

萍始生
鳴鳩拂其羽
戴勝降于桑

【牡丹花开富贵来】

清明过后，就是牡丹花开的季节。牡丹是花中之王，不但花开得漂亮，而且寓意是“富贵吉祥”。在阿槑小时候，风靡全国的电影《红牡丹》和蒋大为唱的主题歌《牡丹之歌》让南京人如痴如醉，更加加深了人们对牡丹的喜爱。所谓“花开花落二十日，一城之人皆若狂”，赏牡丹就成为南京人的一个不可或缺的习惯。

南京牡丹花最有名的要属古林公园了，古林公园的牡丹引自洛阳、菏泽、盐城等地，花色奇绝，雍容华贵，有三百多个品种，三千五百余株，是南京市最大的牡丹观赏景区。

瞻园的“绛纱笼玉”

瞻园牡丹台一株牡丹，名为“绛纱笼玉”，为牡丹中的上品，最为名贵，已有百年历史。牡丹旁还遍植芍药、山茶、杜鹃、菖蒲兰、紫薇、红枫等。每至花期，如袁枚所说“一自清溪拥绛纱，年年冷处受繁华”。群芳簇拥“花王”，竞相争艳，令人赏心悦目。

高淳白牡丹

南京高淳区固城玉泉寺内有一株百年的白牡丹。这株一米多高的白牡丹每年春天不开花，通常到了深秋时节才长出花苞，越是天冷开得越好。民间传说高淳有“四宝”：“四方宝塔一字街，倒栽柏树白牡丹。”这株白牡丹便是“四宝”之一。

阿槑的【动物园】

一到春天，万物复苏，阿槑饲养小动物的想法也发芽开花了。家里有黄猫大毛和前不久刚刚捞到的一罐头瓶的小蝌蚪，不多久还会有更多的新伙伴加入。城南孩子家里都有一个小小的动物园。

萌物小黄鸭

紫藤花开满了学校的长廊，引得蜜蜂蝴蝶来往忙碌。这个充满生机的春天里，阿槑学校门口也热闹起来。这不，一群小孩围着一个推自行车卖小鸡小鸭的商贩叽叽喳喳，久久不肯离开。

黄澄澄、毛茸茸的小鸡小鸭子萌萌的着实可爱，不过要想买一只可不便宜，更重要的是，买回去放哪养呢？阿槑倒是没问题，家里有小院子，疼他的奶奶会帮他照顾好小鸡小鸭的。于是阿槑掏出所有的零花钱买了一对小黄鸭，在众多热切羡慕的眼神中回家了。

阿槑的童年虽然没有电脑、手机游戏，但却充满了自然的乐趣。

可爱的小金鱼

爷爷喜欢养花弄鸟。爷爷在院子里用一口大荷花缸养了一缸的金鱼，平时没事就喜欢和阿槑一起看鱼喂鱼食。爷爷可讲究了，为了让金鱼们长得更好，常常拿着自制的小网兜到秦淮河边去捞鱼虫回来喂金鱼。金鱼们也很争气，个个长得壮壮的，精气神十足，惹得阿槑家的馋猫大毛，常常围着荷花缸打转转，不过没事，大毛知道那是爷爷的最爱，也只是过过眼瘾而已。

鹤顶红鱼

墨鱼

狮子头鱼

珍珠鱼

蚕宝宝

阿槑爱好挺多的，这不，过了两天又在学校门口买了好几十条蚕宝宝回来养了。这蚕宝宝虽然好养，也不占地方，但是只吃桑叶，而且随着长大胃口也越来越大了，这可是个伤脑筋的事啊！

阿槑为了蚕宝宝的口粮可是绞尽脑汁费尽心机了，终于发现附近有家人院子里有棵桑树，于是放学后和小伙伴们一起去爬墙偷桑叶。

好不容易摘到些，最后还被人发现摔了一跤，哎，养蚕也是个有风险的事啊！

立夏

蝼蝈鸣　蚯蚓出　王瓜生

油条
烧饼
麻团

【夏天来了】

当粉红色蔷薇开满了学校围墙的时候，南京的夏天就这么悄悄地来了。

立夏那天一大早，奶奶乘着好天气，将换季的棉衣棉被洗洗晒晒，便牵着阿槑去上浮桥的农贸市场买菜去了。路过粮站，奶奶便让阿槑在磅秤上称了一下体重，老南京立夏有为小孩儿称体重的风俗。据说这一天称了体重之后，就不怕夏季炎热，不会消瘦，不然会有病灾缠身。

夏三新

菜场里真热闹！都是初夏刚上市的时令菜蔬，碧绿的蚕豆、鲜红的西红柿、带着花的黄瓜……让人看了垂涎欲滴。立夏要吃“夏三新”。所谓的“三新”就是：新上市的长江里的鲥鱼、玄武湖的樱桃和溧水的青梅。

豌豆糕

奶奶还买了一盒刚做好的豌豆糕，拿到家里非要馋嘴的阿槑坐在家门口的门槛上吃。南京的夏天热，小孩常常不思饮食没胃口，叫“疰夏”。在立夏这天，让小孩坐在门槛吃豌豆糕，可望使小孩整个夏天都不“疰夏”。对于阿槑来说，只要有好吃的，即使再热的天他也不会没胃口的！

小满

苦菜秀　靡草死　小暑至

【四月初八】吃乌饭

四月初八是传说的浴佛节，也是民间传说的“目连救母”的日子。南京人在这一天可是要吃乌饭的。奶奶在几天前就买了乌饭叶，泡了一盆乌饭汁来染糯米。这不，一早就开始蒸乌饭给全家人吃了。阿槑最爱吃的就是乌饭包油条了，香糯黏软的乌饭，包上脆脆的油条，再夹上一个流油的咸鸭蛋黄，这一顿早餐真是完美！

乌饭包油条

乌饭叶

乌饭包油条

好吃又好玩的【蚕豆】

正是蚕豆上市的季节。南京人喜欢吃豆类，蚕豆上市的时间短，时蔬要趁鲜吃，这一段时间阿槑家里又是鸡蛋炒蚕豆瓣，又是蚕豆瓣西红柿瓠子汤，吃得不亦乐乎。

为了能在蚕豆下市后还能吃到鲜美的蚕豆瓣，奶奶在蚕豆下市前买了大量的蚕豆来剥出晒干作为备用。阿槑和从来不做家务的爷爷也一起参与进来。阿槑才剥了几个就没有精神了，不停地大喊手疼。爷爷拿起一个蚕豆对阿槑说："看看爷爷用蚕豆做个美国兵！"于是爷爷捣鼓了几下，一个头戴钢盔的美国大兵就成型了。剥蚕豆也能这样有意思，太好玩了！这下阿槑有了精神，不断地和爷爷比赛剥出"美国兵"，不一会一大箩蚕豆就剥好了。

奶奶为了犒劳阿槑，选了些个大的老蚕豆，用五香八角煮熟，然后用缝被单的针和棉线将蚕豆串成一长串，给阿槑挂在脖子上，可以一边吃一边玩。这一大串五香蚕豆，又像和尚念经用的佛珠，于是有了一个好听的名字——"罗汉豆"。

【送夏】

眼看着天气一天比一天热了。南京人在立夏之后有“送夏”的习俗。所谓“送夏”，就是在夏季到来之前，给刚出嫁的女儿送去凉席、凉枕、芭蕉扇等夏令用品和一些能够清凉消暑的食品。

阿槑奶奶也去给阿槑的两个姑妈“送夏”，虽然阿槑的姑妈们早已儿女成群了，其实奶奶就是想女儿了，借这个机会走动走动罢了。

奶奶为姑妈们准备了一套凉枕席、两把芭蕉扇、两瓶花露水和两盒痱子粉，都是夏天南京人的必备物品。

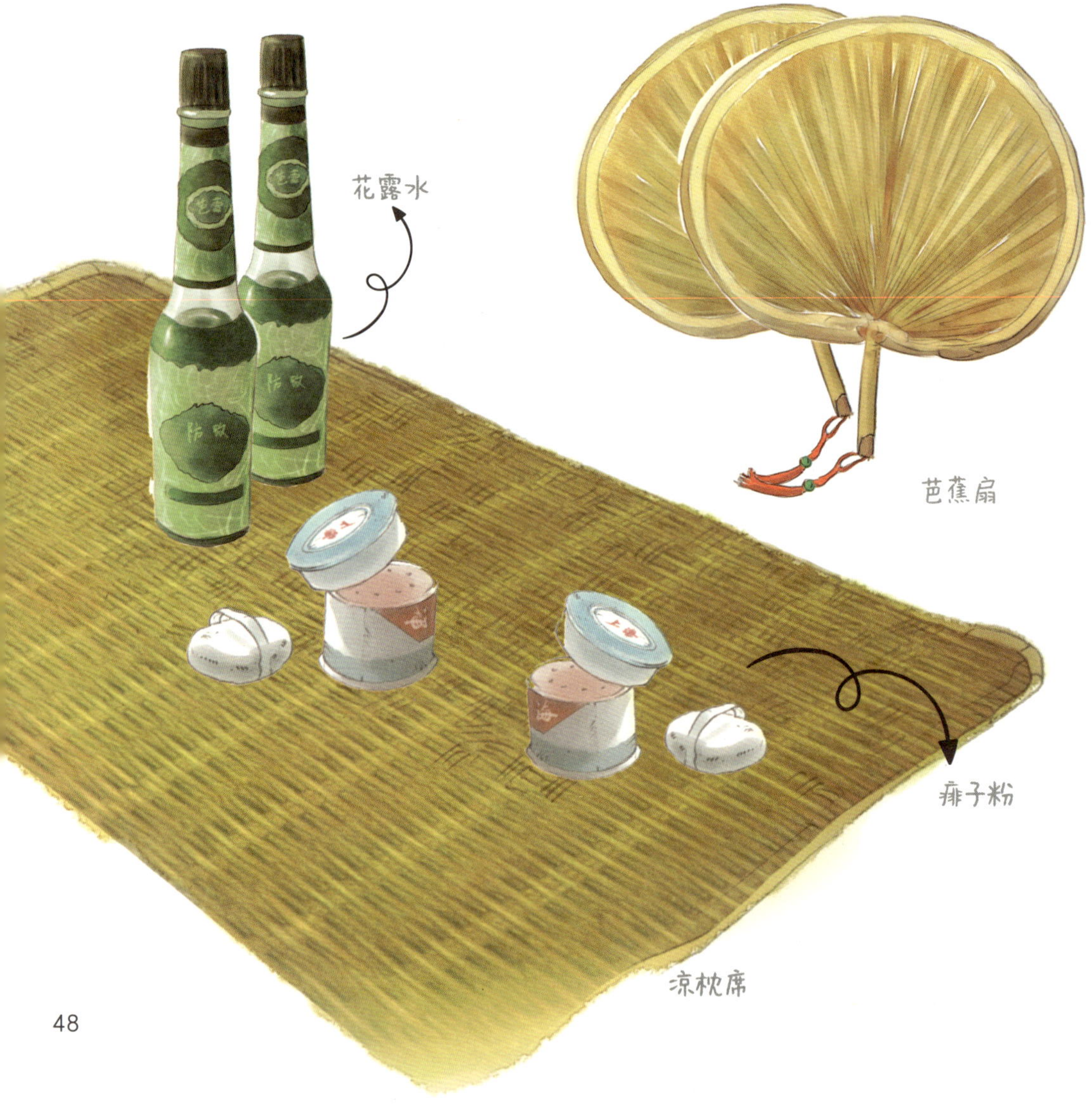

芒種

螳螂生 鵙始鳴 反舌無聲

【五月五】过端午

五月五，是端阳。
门插艾，香满堂。
吃粽子，洒白糖，
龙舟下水喜洋洋。
粽子香，香厨房，
艾叶香，香满堂。
菖蒲插在大门上，
出门一望麦儿黄。

泡粽叶 包粽子

泡粽叶

五月初五快到了，这两天奶奶忙着为过端午节做准备了。奶奶早就买好了新的粽叶，也将家里的大木澡盆洗干净用来泡粽叶。端午前几日，老南京的家门前都放着一只大木澡盆，浸泡着一盆的粽叶。每年包粽子，粽叶总是不够用，很多人家都会将去年包过粽子的粽叶洗洗干净晾干，放着来年再用一次。南京人好面子，每年泡粽叶也总是用新叶遮盖住旧叶，怕别人看见了笑话。煮过一次的粽叶发黄，再煮一次就发黑了，吃完粽子，奶奶就将发黑的粽叶挑出来扔掉。

奶奶和槑妈请了街坊几个大婶帮忙一起包粽子，端午节的粽子不仅是自己家吃的，还有送亲戚朋友的，数量很大，所以街坊邻里都是相互帮忙的。不同馅的粽子放在一锅里煮，就要变换粽子的形式或在扎线上做出记号。粽子形状很多，有南京人常包的三角粽、四角粽与小脚粽，爷爷还会包一种四四方方的小粽子，阿槑叫它“炸药包”。

煮粽子也是技术活，奶奶头一天晚上煮开了，就焐在煤炉上，夜里要起来照看好几次，不能把水烧干了，更不能煮得夹生。

那夜，阿槑在满屋弥漫着粽叶的清香和糯米的甜香里做了一个好梦。

挂钟馗 插艾菖

端午当天一大早，爷爷就拿出了收藏的钟馗图，用拂尘掸干净挂在堂屋的正中。然后将奶奶买来的艾草和菖蒲扎成一束，悬挂在门口，所谓“手执艾旗招百福，门悬蒲剑斩千邪”。

盛传端午这天乃是一凶日，除了五毒之虫横行人间，还有瘟疫之鬼物来散播瘟病，于是江南一带在这一天就有挂钟馗像、悬艾草和菖蒲剑以驱邪却鬼的习俗。

钟馗像

吃五红和雄黄酒

中国人逢年过节都是要聚聚的，端午节自然也不例外，但端午节家里吃团圆饭不是晚上，而是中午。南京人讲究端午中午要吃“五红”，同时全家人都要喝雄黄酒。

江浙一带流行端午吃“五黄”，而南京人吃的是“五红”。所谓“五红”就是红心油黄咸鸭蛋、蒜瓣烧红苋菜、烧鸭、红烧黄鳝和红烧龙虾。端午这天是凶日，红色是一种吉祥、喜庆的颜色，家里人吃了这“五红”，自然会趋吉避凶，百毒不侵了。

过端午节喝的雄黄酒，是以雄黄研末用酒浸泡而成的。雄黄酒可以驱蛇虫、保康健，这倒是一点不假。想当初那白娘子也是因为喝了雄黄酒才现出原形的。所以端午这天，就连平时不许喝酒的小孩，家长都破例给他们喝上一口，就连襁褓里的婴儿，父母也会用筷子头蘸点酒去辣他一下。

喝剩下的雄黄酒，大人们会洒在墙角壁边，以祛毒虫。也有人蘸着雄黄在小纸条上写“五月五日天中节，一切蛇虫尽消灭”，倒贴在墙角，其实起到驱祛蛇虫的效果的是雄黄而非咒语。

雄黄酒

烤鸭

苋菜

黄鳝

咸鸭蛋

龙虾

五毒

虽说端午节的标志性食物是粽子，但在老南京看来，最重要的却是吃“五毒菜”。

五毒菜，也称“炒五毒”，是旧时端午节午餐中一道必不可少的菜肴，后来多以韭菜、茭儿菜（或金针菜）、黑干（即木耳）、银鱼、虾米等同炒，以这几种菜象征蝎子、蛇、蟾蜍、蜈蚣、壁虎等“五毒”。

南京的老房子大都是砖木建筑，年代久了，常会滋生蝎子、蜈蚣、壁虎、蛇等爬虫，而天井阴沟中，总有癞蛤蟆四处活动。阿槑家中的房顶上掉下过五六寸长的大蜈蚣，也有邻居晚上在院子里乘凉被蝎子蜇得痛到天亮。壁虎虽然无毒，但遇到危险时会断尾脱身，奶奶一直跟阿槑说，壁虎的断尾巴会钻到人耳朵里，耳朵会聋的。而这其中蛇的地位不同于其他毒虫，家中的无毒蛇更多的时候是被敬为“家神”，不敢冒犯的。

吃了五毒菜，就相当于把“五毒”给消灭了，一年不受毒虫的侵扰。虽然这一习俗有点阿Q精神，但出发点是好的，另外这“五毒”菜还能下饭，一举两得。据说炒“五毒”菜只有南京才有，算是南京特色的端午食品。

小孩过端午的装备

对于阿槑这些小厌蛋头（调皮的小孩）来说，端午节是一个很有趣的日子。不仅仅有好吃的，还有很多好玩好看的小孩端午节专属装备。

端午装备
香囊
驱蚊用
雄黄酒
辟邪用
鸭蛋络子
得瑟用
五彩绳
辟邪用
虎头鞋
辟邪用
槑好时光

欢欢喜喜划龙船

莫愁湖

玄武湖

仙林羊山湖

六合金牛湖

相传楚大夫屈原投江而死，许多人闻讯划船追赶拯救。他们争先恐后追至洞庭湖时已不见屈原的踪迹。以后每年五月初五划龙船以纪念屈原，借划龙船驱散江中之鱼，以免吃掉屈原的身体。

阿槑一家人每年都去看划龙船，每次阿槑都被龙舟上雄壮的鼓点和威武的呐喊声感染得心潮澎湃，恨不得自己也上去拼搏一把！

阿槑这里推荐几个南京有名的划龙船的好地方。

1. 莫愁湖
2. 玄武湖
3. 仙林羊山湖
4. 六合金牛湖

夏至

鹿角解 蟬始鳴 半夏生

有情无晴【黄梅天】

发了“霉”的黄梅天

太阳出来啦！
大家快来晒衣服啊！

梅雨俗称“黄梅天”，是初夏季节长江中下游特有的气候现象。它是中国东部地区主要雨带北移过程中在长江流域停滞的结果，芒种后第一个丙日“入霉”，小暑后第一个未日“出霉”。

南京的“黄梅天”实在不太好过，又闷又潮又热，整天都是在阴天和雨天里循环，无论是天还是人或是衣物、房屋等都感觉湿嗒嗒的很不清爽。稍不留神就会长上一层“霉”。

阿槑家的老房子的墙角啊，厨房里啊，常常爬进来让人讨厌的鼻涕虫，这些不请自来的小东西，也让阿槑一家防不胜防，伤透了脑筋。

家具长蘑菇

怎么都没干的！
马上没得衣服穿了！

鼻涕虫

灭蚊灭蝇大作战

让人讨厌的黄梅天还是蚊蝇滋生的时节。

讨厌的苍蝇经常在家里躲雨，来回“嗡嗡”声让人心烦意乱。于是奶奶和阿槑便想尽一切方法去捉苍蝇。

不仅仅是苍蝇让人头痛，那该死的“吸血鬼”蚊子也不甘示弱，在家里横行霸道。阿槑绞尽脑汁用尽了“十大酷刑”来收拾这些可恶的蚊子。

巴掌拍死
杀虫剂
捏爆肚子
苍蝇拍拍死
风油精浸泡
粘纸
拔腿
做蚊彘
剪掉嘴巴
脸盆法
拽掉翅膀
火烧
放大镜聚焦
胶水黏蚊香

【六月六】晒龙袍

经历长期的阴雨之后，太阳出来让人喜洋洋的。到了农历六月初六,是传说中的“六月六晒红绿”。话说唐三藏从西天(印度)取佛经回国，过海时经文被海水浸湿，正好六月初六这天是大太阳，于是他便将经文取出晒干，从此这天就成为晒书晒衣晒被子的好日子。连皇宫都以此日为皇帝晒龙袍的日子，以后家家户户都于此日在大门前曝晒衣服、被单、棉花胎、垫被、席子等，为换季做准备。

小暑

温風至 蟋蟀居宇 鷹始鷙

多彩的【暑假生活】

滴滴答答地下了大半个月雨，终于出梅了。南京就是这样，雨一停火辣辣的太阳就晒得人受不了。南京小孩的夏天却是多姿多彩的，天气虽然很热，这漫长的假期却是他们童年最快乐的时光。

游泳和打水战

对小孩来说夏天最开心的就是游泳和打水战了。阿槑小时候，南京的游泳池并不多，一到暑假，整个人满为患，游泳池就像个饺子锅，飘满了白花花的人，这哪是游泳啊，连澡堂子都不如。于是，小孩们就动着去湖里河里游野泳的心思了。

南京人游野泳的几个胜地，最有名的是紫霞湖，其次是花神湖和前湖以及节制闸。这几个地方风景好，水质清，但是很危险，每年都会要“收”几个人。所以家里人会一再告诫不要去游泳，小心“水猴子”拖你下水！阿槑这些小孩哪里能闲得住，揣着几毛钱，扛着个汽车内胎“救生圈”偷偷地往城南的花神湖去了。

到了湖边，直接三下两下脱个精光，光个屁股就往湖里跳，“嘭、嘭、嘭”一串串开心的水花溅起，有的没跳好呛了几大口水，被大家笑话了好一阵子。这帮小厌蛋们，游游泳打打水战，直到太阳下山才上岸，拿着身上的钱买根冰棒，一路吮着回家。

然而，无论阿槑再怎么隐瞒，都逃不了老妈的火眼金睛，最后还是挨了一顿“毛竹竿烧肉”！

又去游泳了吧？
没…没有…

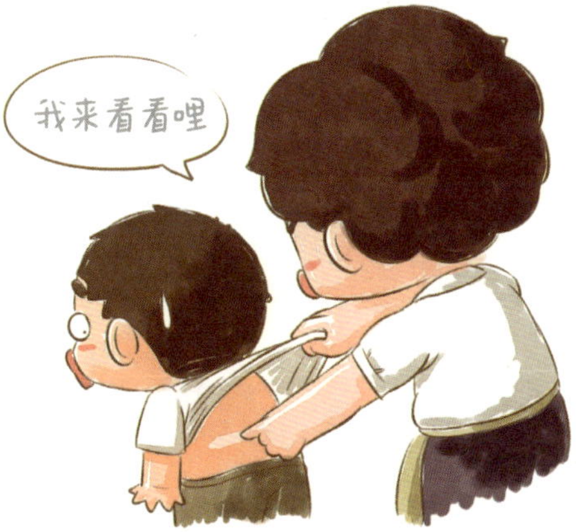
我来看看哩

叫你不听话！叫你说谎！

小暑

冰棒马头牌

阿槑小时候，南京最有名的冷饮就是南京糖果冷食厂生产的“马头牌冰棒”了。一到夏天，南京人听得最多的莫过于满耳朵“冰棒马头牌，马头牌冰棒”的叫卖声。卖冰棒的都是推个小推车或者自行车后座放着刷着明黄色漆、正面画着一个马头牌商标的木头箱子，箱子里头裹着大棉垫子，棉垫子里面严严实实地包着整齐码好的各种口味的冰棒。卖冰棒的走街串巷的叫卖，小孩儿只要听到这个吆喝，就坐不住了，讨个五分钱飞似地冲出家门，寻声而去。

小时候冰棒口味少，奶油、橘子、赤豆、绿豆、香蕉是最常见的。

阿槑在家吃冰棒都很小心地用个碗盛着，哪怕化下来的冰水都要聚着喝下去。偶尔槑妈开恩或者家里来客人，给阿槑一个保温桶，去买些像冰砖、蛋筒、花脸雪糕这样的高档冷饮开开洋荤，阿槑开心地都像过节一样。

马头牌冰棒标志

绿豆冰棒

赤豆冰棒

蛋筒

吃花脸雪糕

光明牌冰砖

香蕉冰棒

橘子冰棒

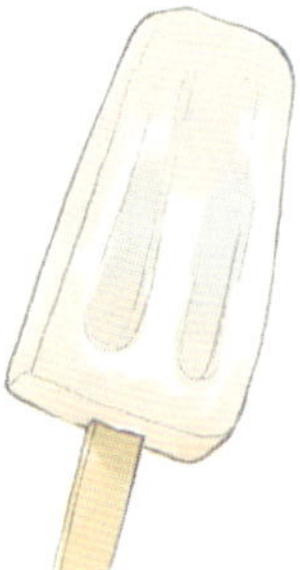

奶油冰棒

陪伴我们度过夏天的【小伙伴】

会唱歌的“叫油子”

像是约好了似的，天刚放晴，骑着自行车沿街叫卖“叫油子”的小贩子就停在阿槑家的巷口。“吱啦~吱啦~吱啦”的噪呱声顿时将小厌蛋头们吸引了过去。

“叫油子”是南京人对暗褐蝈螽的一个称呼，老南京有入夏养只蝈蝈或“叫油子”听夏的习惯。炎热的夏日午后，坐在微风习习的窗下，听着虫儿的阵阵悠鸣，让人畅快。阿槑家每年小暑前后都会养一只“叫油子”，到大暑的时候，爷爷还会再养只蝈蝈，陪着“叫油子”一起把夏天唱完。

“叫油子”和蝈蝈看上去像兄弟两，其实是两种不同的虫子。“叫油子”身材比大肚子蝈蝈苗条很多，翅膀也比蝈蝈的长很多。叫起来就没有蝈蝈那么嘹亮和有磁性了。阿槑每天喂“叫油子”吃毛豆和红辣椒，爷爷说了，“叫油子”只有吃了辣椒叫得才更响！

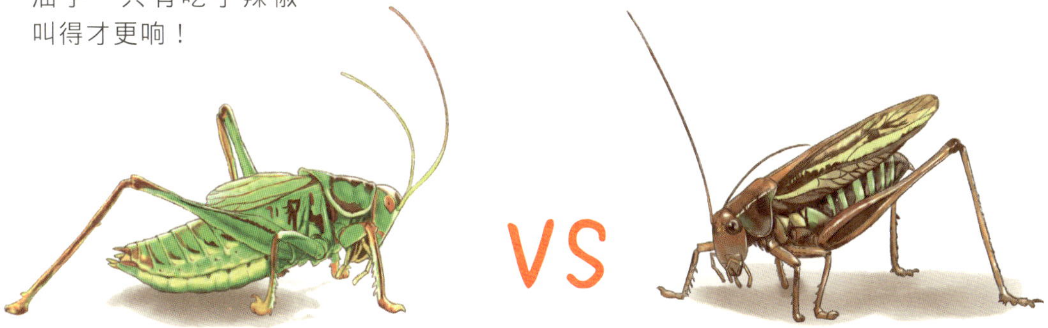

蝈蝈　　叫油子

先出犄角的水牯牛

水牯牛

阿槑家的葡萄架常常会迎来一种不速之客：水牯牛。水牯牛学名叫天牛，约小拇指大小，晃着长长的两根辫子，长着一对尖利的大牙，黝黑发亮的身子带着白色的花纹，很是神气。阿槑最喜欢捉水牯牛了，只要轻轻用手从水牯牛身后捏住水牯牛的身子，水牯牛就会张牙舞爪地挣扎并且发出“叽、叽”的叫声，但任凭它怎么挣扎也无济于事，只能俯首就擒。

阿槑会用一根丝线将水牯牛从脖子那打个扣，然后另一端系在火柴盒做的小车上，让水牯牛拉车。水牯牛很不情愿地爬爬停停，趁阿槑不注意展开翅膀就飞起来想逃，哪知又给线拽了回来，经过几番折腾绕得全身都是线，把自己绑成了个粽子。

蜻蜓

阿呆小时候很喜欢小虎队的《红蜻蜓》那首歌

“飞呀飞呀看那红色蜻蜓飞在蓝色天空
游戏在风中不断追逐他的梦
天空是永恒的家 大地就是他的王国
飞翔是生活……”

盛夏的午后，总有一两只红蜻蜓光顾阿呆家的小院子。它们轻盈地飞过围墙，停在了爷爷种的荷花花瓣上。任凭微微清风吹过身旁，任凭荷花摇曳徜徉，安静地享受着自由的时光。

阿呆喜欢红蜻蜓，就悄悄守候在院子里想要抓一只，但聪明的红蜻蜓岂能让他抓住，每每一丝风吹草动就飞得远远的，过一会又回来停在原地，好像挑衅阿呆：“嘿嘿！我就喜欢看你想抓我又抓不住我的倒霉相！”

而另一种下雨前成群结队出没的橙色蜻蜓就比红蜻蜓傻多了，它们在湿闷的空气中低低地来回盘旋，急匆匆的样子，像是在寻找弄丢的玩具。总是一不小心，就给阿呆用缠着蜘蛛网的扫帚给刷到，成为阿呆的俘虏。不到一小时阿呆能捉到好几只。

据说蜻蜓是吃蚊子的能手，于是阿呆就把它们放到家里，还特地在蚊帐里放了两只，可过了两天，阿呆看见那蚊帐里的蜻蜓就直挺挺挂在蚊帐的角落，早已死去多时了。

知了知了

天越热知了的叫声就越嘹亮，此起彼伏，一波一波，很是有节奏，夏天里听着远处知了的歌声确实让人消了几分暑意。知了一向是小男孩的向往之物，不过要能捉到知了还是要专业工具并且有几分技术性的。阿槑最爱的就是粘知了了。

阿槑的粘知了的工具是一根三米长的芦苇秆和一团用水揉得筋拽黏稠的面团。这面团黏在芦苇秆的顶端，只要碰上知了就会粘住，让它无法逃脱。

阿槑在河边的柳树下根据知了的叫声抬着头寻觅着知了的踪影，这是个需要细心和耐心的费力差事，阿槑屏住呼吸，花了两三个小时粘到了近二十个知了，兴高采烈地回去向小伙伴们炫耀去了。知了是养不活的，只能捏住它让它叫一叫，捉住的知了第二天就死了。不过知了是可以吃的，它背上的肉烤熟了很香，吃起来有鸡肉的味道。

蚱蝉

草蝉

蟪蛄

【那些花儿】

映日荷花别样红

当莫愁湖和玄武湖满池的荷花遮天蔽日的时候，爷爷种的那一缸红莲，不知何时也悄悄地绽放了，惹得爷爷开心地天天拿着茶壶，站在荷花缸旁摇头晃脑地念着李白的“竹色溪下绿，荷花镜里香”。荷花真的也有如人一般的灵性，白天绽放，晚上闭合，惹得橘色的红色的蜻蜓常常留恋。

荷花绽放的季节，奶奶常常也买些荷叶回来，煮荷叶粥给全家人去暑。阿呆呆也凑过去要上一张戴在头上当作凉帽遮阳，惹得小伙伴们羡慕不已。

栀子花、白兰花

夏天的菜市场，除了有各式各样的鲜果菜蔬，还有许多花草卖。

奶奶每天从菜市场买菜回来，都会带上一把雪白喷香的栀子花，将它们插在一个玻璃瓶里，放在堂屋的几案上，阿槑家里一整天都萦绕着栀子花的清香。同时，奶奶会买上几对白兰花，一对自己别在衣襟上，其他的送给老街坊姐妹。

有时爷爷在泡绿茶时，也会放进几瓣白兰花瓣，这一壶茶会特别芬芳，喝起来也特解暑气。

白兰花

卖白兰花

死不了的太阳花

奶奶买菜回来，带了一把“太阳花”回来。太阳花这种草花是阿槑最喜欢也是唯一能养活的花了。太阳花学名叫马齿苋，外号叫“死不了”，可见其好养至极。奶奶给阿槑一个底破掉的脸盆，装上半脸盆的土，把太阳花插了进去，浇上水，放在阴凉地方缓一两天。不出一周，太阳花就昂头挺胸地绽放着五颜六色的小花了。太阳花，顾名思义太阳一出就开花，太阳下山花就谢了。第二天又是新的花苞开放。阿槑最大的兴趣就是猜第二天开什么颜色的花，然后向奶奶汇报。

太阳花从夏天一直开到冬天来到，然后从容地死去，第二年，自己发芽生长，灿烂开放。

洗澡花和凤仙花

阿槑家门口的花坛里有一片灿烂的洗澡花和几棵不知从何处而来的凤仙花。

洗澡花是爷爷种的，一片胭脂的殷红色，野气蓬勃，张狂地生长。至于为什么叫洗澡花，阿槑不知道，问了爷爷，爷爷也支支吾吾说不出个所以然。不过没关系，阿槑依然喜欢它们，因为它们的种子实在可爱，黑漆漆圆滚滚的，像一个个小小的地雷。阿槑常常在洗澡花丛里一颗颗地寻找洗澡花的种子，一个夏天可以集满满几火柴盒。

而那几株夹在洗澡花丛里的凤仙花就没那么自在了，像受了欺负的小媳妇一样羞怯地默默开放着粉红色厚实多汁的小花。阿槑对它们没什么关注，但燕子这些爱美的小女生就喜欢了，总是小心翼翼地摘了凤仙花瓣带回去捣烂了用毛笔蘸了涂在指甲上，指甲就会被染成美丽的粉红色。

原来凤仙花还有这一作用，怪不得它的外号又叫指甲花！

凤仙花染指甲

【露天电影】

到大热天，南京就有不少地方晚上放露天电影。玄武湖、莫愁湖、白鹭洲这些大公园不要说了，就连阿槑的学校在假期也会定期放些教育意义的革命电影，吸引阿槑他们这些不爱上学的小捣蛋们吃过晚饭便在身上涂满花露水、风油精，每人拎着个小马扎，急急忙忙地往学校跑，生怕去得晚了占不到好位置。

放电影的人在操场的空地竖上三根竹竿，拉上白布（银幕）就放起来了，电影无外乎是《地道战》《地雷战》和《上甘岭》这老三篇，但是给阿槑他们的感觉特别好，与其说是看露天电影，还不如说是开茶话会。小孩子们总是坐不住，兴奋地跑来跑去，还有的跑到了荧幕的背面，去看“反电影”。尽管这样放映场附近的大人小孩总是每场必看，还百看不厌。人们都是拖儿带女地急吼吼地从四面八方涌向放映场，有的带着小板凳独坐，有拖着长条凳三四个人合坐，还有小娃儿骑在大人肩膀上。

有时遇到风吹，电影画面还随着悬空吊挂的白布飘来飘去的，画面或上或下跑偏，偶尔停电断带，大家就“噢”地一齐叫起来，有人就拍巴掌吹口哨跟着起哄。随着放映的灯光照射，更有一些蛾子、蝙蝠和小虫子跟着凑热闹，在银幕前飞来飞去。

阿槑他们哪有心思真正静下来看电影啊，看着看着就去到草丛里捉那一闪一闪的萤火虫去了……

大暑

腐草爲螢　土潤溽暑　大雨時行

【三伏天】大作战

三伏天出现在小暑与立秋之间，是一年中气温最高且又潮湿、闷热的日子。伏即为潜伏的意思。所谓的“伏天”，就是指农历“三伏天”，是一年当中最热的一段时间。

降温“神物”

小时候，阿槑家里每人都有属于自己的一把扇子。

爷爷和爸爸各是一把折扇。爷爷的扇子更有讲究，是金陵王记扇庄十八骨的湘妃竹折扇，扇面上是李味青的兰草和“清风徐来”四个字。

奶奶的就是一把普通的芭蕉扇了。槑妈有一把画着仕女的团扇和一把阿槑最眼馋的檀香扇，在家的时候用团扇，外出就会带着那一扇起来还有香味的苏州檀香扇。

阿槑自己有一把白色的鹅毛扇，那是爸爸去高淳时带给阿槑的，爸爸说古代的王侯将相都是用羽毛扇运筹帷幄、指点江山的。阿槑自然是很喜欢，每次拿着鹅毛扇，自己都有一种诸葛孔明的感觉。

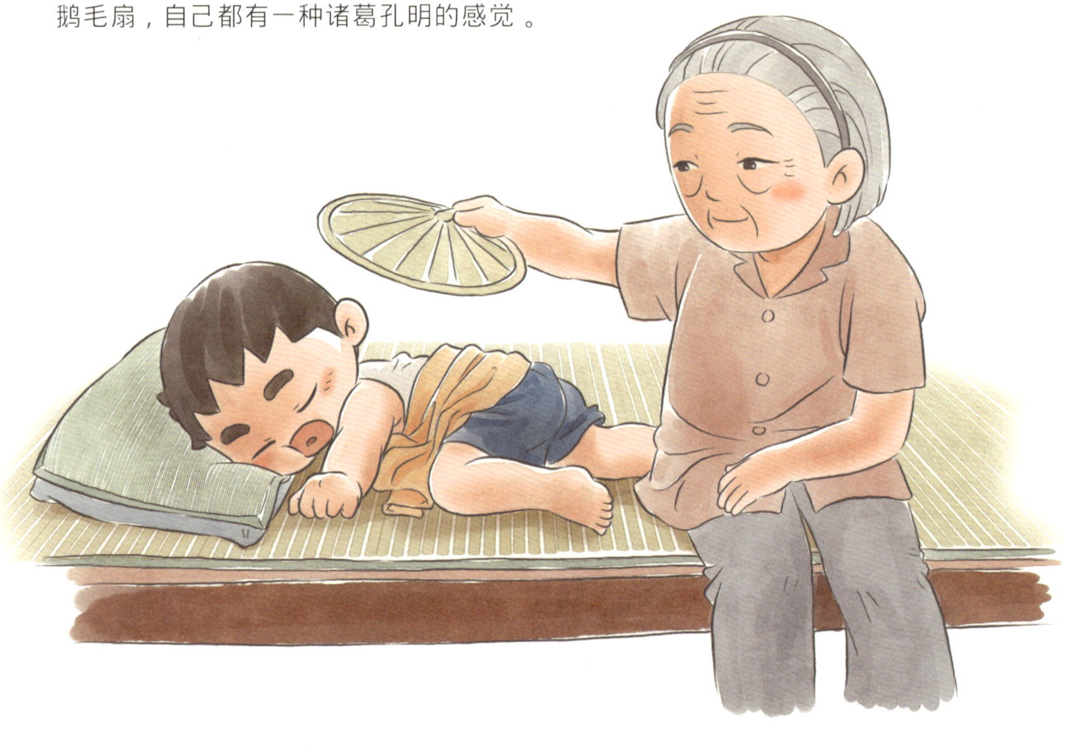

鹅毛扇

芭蕉扇

湘妃竹折扇

苏州檀香扇

让人开心的电风扇

阿槑小时候还没有空调，电风扇也是要凭票才能买到的稀奇玩意。爸爸在家电商场排了半天的队，买到了一台新式的“长风”牌电风扇。放在堂屋里接上电，按下开关，一阵凉风袭来，真是太舒服了！ 爷爷和奶奶却对电风扇的风很不习惯，孝顺的爸爸又为他们在床的上方装了“亚美”微风小吊扇，这样微风轻拂的感觉足够爷爷奶奶睡个好觉了。

长风台扇

凉席、竹床和躺椅

刚刚过下午四点，奶奶就烧了热水把家里睡的凉席、枕席都用毛巾抹了一遍，奶奶还特地在抹席子的热水里滴了几滴风油精，说这样不生痱子。

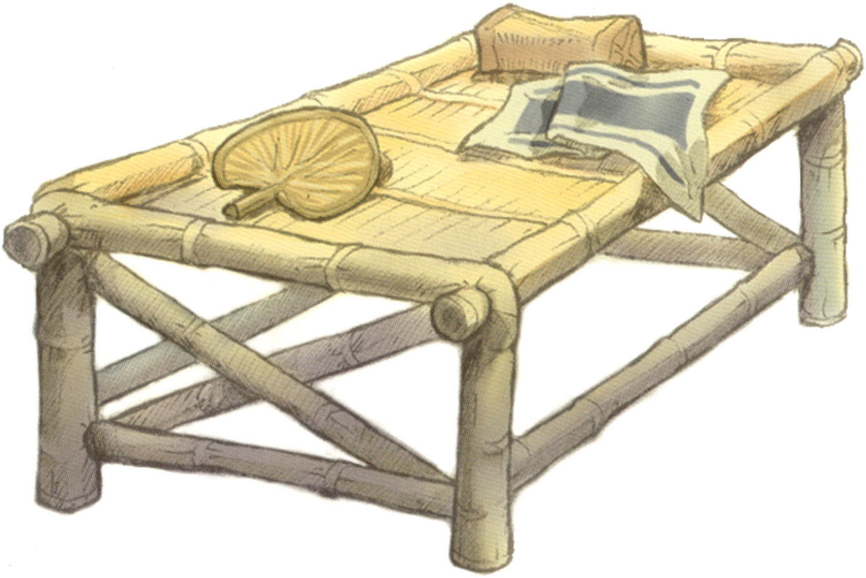

竹床

老城南的小街小巷老房子，晚上特别的闷热，小孩和男人在家里根本待不住，于是将竹床、躺椅移到院子里或小巷的路边，摆开了竹床阵，家家的竹床相连，躺椅路边随处都有，这是老城南过夏天的一景。

老南京家里降温还有一个方法，就是买冰块，用澡盆装着，放在屋中央，用电风扇对着吹，将冷气散播到房间各处，这可谓是土制的“空调”。

土空调

【哪块最凉快】

街头巷尾

吃过晚饭，阿槑家门口靠墙的路边，路口的场院上、巷子口等，一张张竹床，一副副门板儿，一把把椅子，一只只小板凳儿都横七竖八，犬牙交错地自觉自动地排在一起。天一暗下来，男女老幼陆陆续续地或坐或躺，在自家的竹床、躺椅上，扇着芭蕉扇开始乘凉了。阿槑这些小厌蛋头，洗澡以后满身涂抹着痱子粉，仍然玩出一身汗，在人群里穿来穿去。邻里之间，共同品尝香甜的西瓜，或是张家长李家短地扯闲话，或是聚精会神地下象棋、打扑克，还有更甚者，把电视机搬出来，用个长接线板接着，看起热门的电视剧来！

那炎热漫长的夏夜，热热闹闹、开开心心地就这么度过了。

中华门的藏兵洞

中华门城堡的藏兵洞是很多老南京人的避暑胜地。那时候温度超过35度，中华门城堡藏兵洞就向市民免费开放。很多人就拖家带口，拿席子的，搬小板凳的，也有架着折叠椅的，藏兵洞里面满满的全是人。阿槑这些小孩特别喜欢在藏兵洞乘凉，每次都兴奋地坐不住，在人群里面到处跑，惹得大人们头疼不已。

不过藏兵洞里面虽然特别凉快，但是很潮湿。到了后半夜，气温降下来，洞里头开始有点冷了，有些年纪大的老人就吃不消了，搬着铺盖就回家了。

桥洞

有些年轻人抱着席子会找桥洞去乘凉。桥洞两边都通风，相对比较凉快，但靠着水边蚊子太多，一般人很少选择。家长觉得桥洞不安全，也都不让小孩去，骗小孩说水里有水猴子，专拖小孩下水。阿槑胆子小，是坚决不会去的。

金风玉露逢【七夕】

七夕乞巧

转眼又到七月初七，传说中牛郎与织女相会的日子了。虽然奶奶跟阿槑说了好多遍牛郎织女的故事，但是阿槑还是百听不厌，缠着奶奶再讲一遍。奶奶便只好一边和阿槑看着天空变换的云彩和晚霞，一边说牛郎织女的传说。

人约黄昏后，月上柳梢头。夏季傍晚的天空真的好美啊！

观巧云

七夕南京有“观巧云，食巧果”的习俗。吃过晚饭，很多大人小孩便在自家院子里一边散步消食，一边欣赏天空中各种形状的彩云。“巧”和“桥”谐音，人们认为在七夕当天“观巧云，食巧果”，不仅能帮助牛郎和织女鹊桥相会，还能让自己心灵手巧。

吃巧果

这天南京人还时兴用面捏成各种形状的香甜可口小面点，油炸后撒上白糖。俗称“巧果”，又名“乞巧果子”或“巧饼”。很多人家做了“巧果”分给街坊邻居，得到的人就是所谓的“讨巧”，一定要夸做巧果的人心灵手巧，这样就皆大欢喜了。

巧果

后来有人嫌做巧果太烦，于是就到店里买了糖京果，分给大家吃，于是南京人吃巧果的习俗又多了个吃“糖京果”了。

糖京果

天上的银河与人间的萤火

当夜色渐浓，墨蓝色的天空里星光灿烂，在闪烁的群星中隐隐有一条光亮的星带在慢慢聚合变幻，那便是银河。在七夕的夜空中，无尽的银河从空中流淌下来，与地上的萤火连成一片。阿槑望着漫天的繁星，还在问着奶奶：“后来呢？后来呢？”

后来，两情若是久长时，又岂在朝朝暮暮？

此刻，天上即是人间。

避暑四宝

像阿槑这样的小厌蛋头，无论寒暑都要成群结队地跑出去“充军”。一趟回来浑身是汗不说，还弄得满身痱子。让奶奶很是操心。

不过好在老南京过夏天有“清凉四宝”。是哪四宝呢？这就是南京地产的芭蕾花露水、鼓楼药皂、马头牌冰棒和金陵蚊香。芭蕾花露水是除痱子止痒的法宝，鼓楼药皂是消毒杀菌的首选，马头牌冰棒则是去暑解馋佳品，金陵蚊香是避蚊防蝇的首选。这四宝保老南京人平平安安过夏天好多年，后来慢慢淡出了南京人的视野。

哎，这些属于阿槑小时候的“夏天回忆”都全军覆没了。

芭蕾花露水

鼓楼药皂

马头牌冰棒

金陵蚊香

立秋

涼風至 白露生 寒蟬鳴

【立秋】要啃秋

水果萝卜

老南京到了立秋这一天，有着“啃秋”的习俗，“啃秋”在有些地方也称为“咬秋”，寓意炎炎夏日酷热难熬，时逢立秋，将其“咬住”。立秋这天，切一个大西瓜，全家人一起吃了，象征盛夏已过，秋天来临。而过了立秋以后，也就不再“作兴”（时兴，流行）吃西瓜了，自此以后街上的西瓜摊也将西瓜卖完便相继收摊，要吃西瓜就待来年夏天了。

老南京旧时还有以吃地产青皮红心的“心里美”萝卜来“啃秋”的习俗，都说南京人是“南京大萝卜”，想必啃萝卜迎接秋天这一独特的习俗也只有南京人才有吧。

【秋老虎】

南京这个地方，是一个盆地，夏天特别热。即使到了立秋，还有“秋后十八盆”的说法，意思是立秋之后还要每天洗澡，洗上十八天，秋天才会来临。

立秋这一天，老南京还要分辨一下今年的秋老虎是公是母。如果是凌晨到中午前立秋，则是“公老虎”，说明今年秋天是个凉爽舒适的季节；而如果是中午到下午立秋，则是遇到“母老虎”了，那就做好再热一段时间和防暑降温的准备吧。

公老虎

母老虎

處暑

鷹乃祭鳥　天地始肅　禾乃登

闲话【七月半】

农历七月十五中元节，俗称鬼节，南京人叫“七月半”，名字吓人，但是寓意深远，是为了祭奠我们逝去的先人。

南京人过“七月半”有两大习俗，第一“放河灯”，第二“烧纸钱”祭祖。

快到七月半的时候，奶奶就会买几刀黄草纸，用锥子戳五个洞，据说这样，老祖宗才能收到。奶奶还买了金纸、银纸用来叠元宝，阿槑还不懂事，就觉得元宝金灿灿地叠得特别漂亮，奶奶告诉他这个元宝可不是玩的，是烧给逝去的老祖宗的。

到了七月半这天，天刚刚黑，大街小巷家家户户就开始找地方烧纸。奶奶就会拽着阿槑去给从没见过面的太爷爷和太太烧纸钱。烧的时候，奶奶一边逼着阿槑不停念“太爷爷太太来拿钱”，一边嘴里头还喃喃地说“祖宗啊，这些钱拿去花，保佑我们一家平平安安，健健康康滴，保佑我们阿槑狗头狗脑的，以后考个好学校……”然后也不晓得是不是真的，阿槑看到纸钱打着旋飞起来，奶奶就会说：“看，你太太、太爷爷来拿钱了。”

“放河灯”这个习俗从朱元璋时就开始了，那个时候会在秦淮河沿岸放河灯。因为明朝开国时，有很多将士战死，传说要放一万盏灯，来为亡人引路，之后中元节放河灯这一习俗就流传下来了。爸爸告诉阿槑，他小时候放河灯的习俗还蛮多的，后来慢慢地就变少了，到阿槑小时候就没怎么见过了。

七月半，插蒜瓣

南京人有句老话“七月半插大蒜，八月节吃蒜叶”。到了七月半，天气渐渐凉快起来，正是栽蒜头的好季节。奶奶弄了一个破脸盆，放上土，把要发芽的大蒜一瓣一瓣剥开，插在土里面，只露出一个小尖尖。阿槑每天浇水，眼巴巴地看着，希望小蒜苗早日长出来。小蒜苗也争气，铆足了劲往上努力生长，还没到八月十五中秋节，就长得老高了。奶奶给阿槑下馄饨下面时就拿着剪刀剪一把新鲜的蒜叶，切成蒜花放在里面调味，阿槑吃得超有成就感！

吃茄饼

七月半这天，奶奶都要买大个的茄子切成片，两片茄子片中间夹层肉糜，和上面粉，用油煎炸做成茄饼给家里人吃。吃茄饼这也是老南京过七月半的一个风俗，传说这一天祭祖用茄饼，作为已故先人前往盂兰盆会的干粮，到后来就演变成七月半吃茄饼的习俗，满足活人的口腹之欲了。

白露

鴻雁來

玄鳥歸

羣鳥養羞

养个【会唱歌的虫子】

白露一到，秋高气爽。到了晚上，各种秋虫争相唱着动听的歌，给秋夜带来了无限的生机。阿槑的爷爷每到这时，就会拿出自己珍藏的各种大大小小的虫器，去夫子庙挑选称心的鸣虫来饲养了。

爷爷最爱的就是金铃子了，虽然个子很小，但是歌唱起来却很动听，“丁零零……”声音悠悠地从这个小家伙的翅膀上流淌出来，让整个秋天都生动起来。

爷爷除了养金铃子，还养了一只马铃，一只金钟和两只竹铃。

于是阿槑的家里每天都开起动听的交响音乐会，各种虫儿此起彼伏，爷爷每天细心地用切成小块的南瓜、苹果来喂这些小小歌唱家。这些小小歌唱家则回报以动听的歌声，一直唱到入冬。

斗蛐蛐

斗蟋蟀

阿槑可没有什么心思去听秋虫唱歌，阿槑最爱的是捉蛐蛐。他和毛头在学校的操场野草丛里，捉了几只紫牙的乌头蛐蛐。阿槑带回去一只用蛐蛐罐养了起来，只要放学做完作业便和毛头的“金头大王”比试一番。两个蛐蛐犹如战场上的将军刀光剑影地大战起来。哪知，几个回合下来，阿槑的“乌头将军”不敌毛头的“金头大王”，给打得落荒而逃，竟然跳出蛐蛐罐，几下便逃得不知所踪了。

这一失败，使阿槑郁闷了好几天，发誓要再捉个更厉害的打败毛头的“金头大王”，可还没等阿槑捉到，毛头的“金头大王”就给他妈妈发现，被没收放生了。再要一试高下，只能等来年秋天了！

【赏桂时节】

糖粥藕

桂花夹心小元宵

金秋九月，南京的空气中已经渐渐弥漫起丝丝的桂花香气，不经意间馨甜的味道就会钻进人的鼻孔，让人沉迷。在南京赏桂不需要跑很远，街边小巷、墙内小院，都能看到金黄的桂花树悄悄地伸出了枝丫，探出了围墙。阿槑总会忍不住偷偷折几枝桂枝带回家，满屋便成为桂花的世界。

想要体会丹桂飘香的意境，金陵最佳赏桂处就非中山陵和灵谷寺一带莫属了。尤其是灵谷寺，寺前有株金陵桂花王，你无法想象到，印象里如此娇柔的桂花，也能成为树高七米、树干直径一米、两人合抱不过来、独具王者风范的“大丈夫”。

桂花糖芋苗、赤豆元宵、桂花鸭……这些属于当季的桂花美食，也不容错过。

南京人对桂花的热爱不仅表现在色和香的欣赏层面，还独创了许多别有风味的桂花为主角的风味小吃，如桂花糖粥藕、桂花糖芋苗、桂花酒酿元宵等，用口腹之味更深层次地体会桂花的迷人。

秋分

雷始收聲　蟄蟲坯戶　水始涸

【中秋共婵娟】

圆月

转眼到了八月十五，正是中秋节。中秋之夜，合家赏月称“庆团圆”，团坐聚饮叫“圆月”。八月十五的晚上，家家户户都全家聚饮吃团圆饭，这天在人们的心中是不亚于过年的。奶奶烧了满满一桌子美味菜肴，桂花盐水鸭、毛豆烧仔鸡、老菱烧肉、糖醋藕片等应季菜为主，粿妈还准备了甜甜的桂花糖芋苗给大家做饭后的甜点。爸爸为全家准备好了一盒好吃的广式月饼，等饭后赏月时吃。月饼俗称"团圆饼"，意为团圆。

盐水鸭

老菱烧肉

毛豆烧鸡

糖醋藕片

拜月

吃完了团圆饭，奶奶开始搬桌子准备拜月亮了。也许是嫦娥姐姐害羞，也可能是传统观念认为月乃太阴，而女性素来属阴，故有“男不拜月”的谚俗，只有奶奶和妈妈来拜月亮。

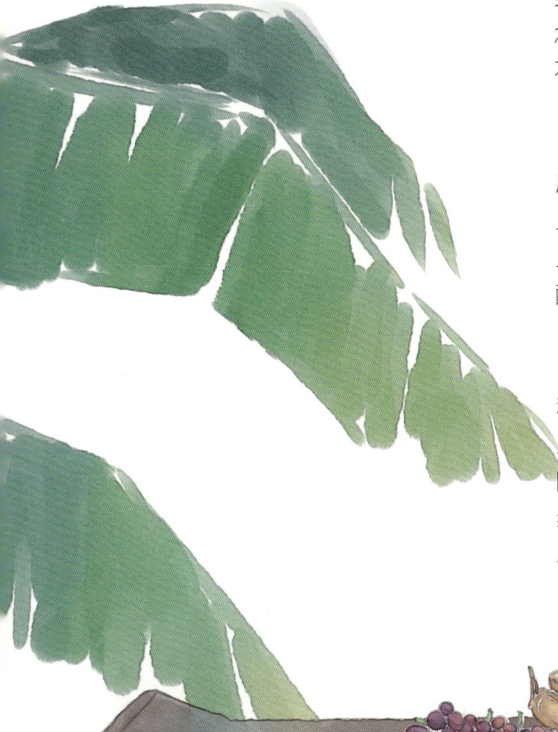

老南京拜月亮可是很有讲究的，供桌摆好后，要在其前摆上斗香，然后在桌子的中央摆上“塔饼”。塔饼就是将月饼一个一个从下到上慢慢码放成宝塔的形状。塔饼放好后，还要配上老菱、柿子、石榴和藕这四样秋果。

奶奶每次过中秋都买南京本地传统的五仁和椒盐月饼来做“塔饼”祭拜月亮，拜过月亮后，全家人后几天的早餐就是月饼打头阵了。阿槑从小对五仁、椒盐这两款月饼是深恶痛绝，相信月亮里的嫦娥姐姐和阿槑也是同样的心情。

赏月

阿槑一家吃完了中秋的团圆饭，奶奶又拜过了月亮之后，阿槑就缠着爸妈一起去夫子庙看月亮。正所谓“月上柳梢头，人约黄昏后”，每年中秋之夜，夫子庙都是赏月的佳地。老南京人吃完晚饭闲来无事，便一家老小一路溜达到夫子庙。爷爷对阿槑说，以前夫子庙有名的六华春菜馆，临河的大厅有一个匾，上书“停艇听笛”。这寥寥四个字把人直接从人间带到了仙境，可惜后来六华春没落了，这匾也无处可寻了。

夜渐渐深了，初秋的夜凉如水，当月亮缓缓升上夜空，这本来喧嚣中灯红酒绿的秦淮河两岸渐渐安静下来，白色的月光给夫子庙的景物都罩上了一层银霜，这时，一阵悠扬的笛声从远处飘入阿槑的耳中。阿槑出神的望着倒映在河中的月影，刹那间，领会了“停艇听笛”的神韵。

寒露

鴻雁來賓　雀入大水爲蛤　菊有黃華

【菊黄蟹肥】

好味道

当北风从今夜吹起开始，深秋就来到了这座城市。寒露之后，南京城里处处菊花绽放，当大街小巷尽带黄金甲的时候，正是螃蟹最肥美的季节。

螃蟹，又称大闸蟹，全名是“中华绒螯蟹”，以长江流域的蟹质最好，而长江流域的螃蟹以江苏蟹最佳，江苏蟹里又是以固城湖和阳澄湖的大闸蟹为最佳。我们南京人大多爱吃高淳固城湖的大闸蟹。每年国庆前后，便是螃蟹的成熟季节，螃蟹们便争先恐后地往岸上爬，蟹脚痒，挠的吃货们的心更痒。

吃螃蟹，有讲究

爷爷对吃很讲究，吃螃蟹时有一套黄铜制的特别精致的工具“蟹八件”。阿槑也特别喜欢，爷爷说了等以后传给他。

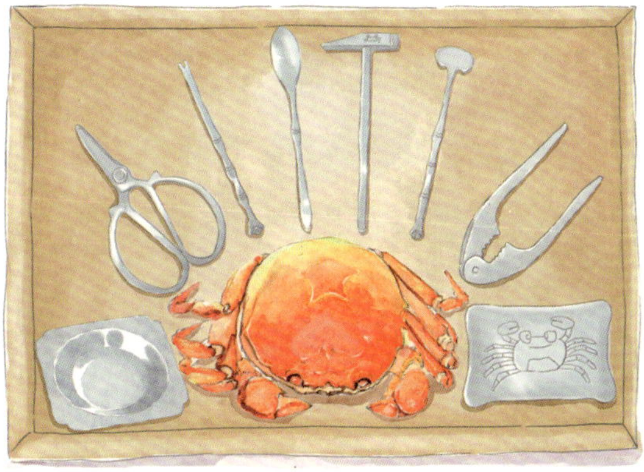

蟹钳做蝴蝶

爷爷每次吃螃蟹特别慢，也特别细致，一只螃蟹伴着一杯小酒慢慢悠悠地可以消磨上个把小时。爷爷总是一边听着京剧，一边用蟹八件剥着吃螃蟹，爷爷用螃蟹的大螯拼出了一只蝴蝶给阿槑玩。过了一会儿，爷爷又从蟹壳里剥出了一个“法海”。当爷爷终于把一只螃蟹的肉吃完了以后，一只完整的螃蟹也就拼了出来。

蟹钳做蝴蝶

阿槑吃螃蟹可没有爷爷吃得那么优雅，手上脸上弄得都是蟹黄和醋汁，一股腥味！螃蟹的这种腥味，用肥皂洗是很难洗干净的，但是爷爷有办法。爷爷在院子里摘了些菊花的叶子，放在脸盆里，倒了水泡一会儿，让阿槑在盆里就着用菊花叶在手上脸上搓一搓，再在水里洗，没几下，蟹腥味就去掉了。

【满城尽带黄金甲】

每年一度的国庆佳节，正值南京秋高气爽的最佳时节，天气不冷不热，阳光明媚，又逢国庆假期，爸爸妈妈都会带阿槑去玄武湖看菊花展。玄武湖的梁洲自从 1947 年举办“首都第一届菊花大会”之后，一年一度的菊展便形成了惯例，很多老南京人到了金秋十月都要去梁州赏菊。在这菊花大会上，每年都会有新品种和珍奇菊花争芳斗艳，很多人也喜欢在参观菊展之余买上两盆回去细细观赏。爸爸知道爷爷喜欢养菊花，便特地买了几盆好品种带回去给爷爷。

除了玄武湖，还有城南安德门的菊花台公园，也是金秋赏菊的一大胜地。相传清代乾隆下江南，到了安德门外，其时正值金风送爽，菊花盛开，满山浮金点玉溢光流彩，竟流连忘返，此地故名为“菊花台”。

朱砂红霜

香山雏凤

金缕衣

玉翎管

秋高气爽

【正重阳】

过了国庆节，很快就到了九月初九的“重阳节”了。古代人将“九”定为阳，农历九月九日适逢两九相重，故称“重阳节”。重阳又是老人们的节日，俗称“老人节”。古人崇尚“登高避灾”，六朝时齐武帝就经常带着群臣，在重阳节这天到东郊孙陵岗登九日台。以后便形成了一个风俗，重阳节南京人必定登高。

爷爷奶奶都是带着阿呆去登城南雨花台的高岗。在山路上，爷爷就会找一枝鲜红的吴茱萸，给阿呆插在上衣口袋里，同时自己和奶奶也在身上配着一枝。这时阿呆就会想起老师教的王维的唐诗：“独在异乡为异客，每逢佳节倍思亲。遥知兄弟登高处，遍插茱萸少一人。”吴茱萸是一种具有香味的药性植物，重阳佩戴在身上意在强健身体、驱病消灾。

寒露

喝菊花酒

重阳节这天爷爷还要喝菊花酒。一般南京人喝菊花酒，只是在白酒里泡些干菊花，还有的更是只在饮酒前滴几滴捣制的菊花汁。爷爷说，重阳喝菊花酒对秋后身体有好处，还让阿槑抿了一小口。只是，因其味有些苦涩，已无菊花之香，阿槑实在是对这菊花酒没有什么好感。

菊花酒

而阿槑在重阳节最喜欢的就是吃重阳糕。重阳糕用米粉、红绿丝、果仁等做原料，馅子里面还要加枣子、栗子泥，谐音寓意"早日自立高升"，这是南京重阳糕的一大特色。做好的重阳糕上一定要插一杆红色或绿色威风凛凛的令字旗，又好看，又好吃，这是阿槑重阳的爱物。

吃重阳糕

霜降

豺乃祭獸
草木黃落
蟄蟲咸俯

【红叶染秋山】

秋栖霞

深秋是南京景色最美也是气候最适宜的时候。每到此时，南京人都会到位于南京北面的栖霞山去看那漫山火红的枫叶。栖霞山又名摄山，被誉为“金陵第一明秀山”，是中国四大赏枫胜地之一。

栖霞山的红叶一般会经过三个观赏阶段，第一阶段看红叶的“五彩斑斓”，第二阶段看红叶“层林尽染”，第三阶段看红叶“万山飘丹”。“五彩斑斓”的阶段，是栖霞山一年中色彩最丰富的时候。栖霞山的红叶品种很多，每种红叶变色的时间也不一样，所以，栖霞山呈现出多种色彩交融的景象，树叶呈现红，黄、橙、紫、棕、绿等多种色彩，越往山林中行走，气温越低，色彩越浓重，景色越美丽。

秋风瑟瑟，各色的叶片也随风而落，一层一层铺就在道路上，就像一层彩色的地毯，成了栖霞山靓丽的一景。

吃素斋

阿槑一家人每年赏过枫叶都要去栖霞寺旁的千佛斋去吃一顿素斋。千佛斋的素斋菜，连不爱吃蔬菜的阿槑都馋得放不下筷子。千佛斋不仅供应素斋面等主食，也有用豆制品制作而成以素乱荤的“糖醋鳜鱼”“西芹炒虾仁”“红烧五花肉”“茄汁鲍鱼”来迎合大众的胃口。

游栖霞、赏红枫、吃素斋，已经是南京人秋天不变的选择。

【秋天的童话】

秋天的日子总是像童话一般五彩缤纷，也是阿槑和他的小伙伴们最快乐的时光，既有好吃的，气候又舒爽，景色又优美，还能在各种各样的游戏中找乐子。阿槑小时候，虽然没有 IPAD，没有网络，小伙伴们却因地制宜地拿身边的物件发明创造了许多好玩的小游戏。

橘子炮

橘子上市的季节，金黄的大橘子惹人喜爱，这也是阿槑的最爱，橘子不但好吃，吃剩下的橘子皮还是这些小公鸡头（小男孩）的秘密武器——橘子炮的子弹！

斗树叶

每天放学的路上，阿槑就会捡落下的梧桐叶和小伙伴们斗树叶 。

所谓斗树叶就是双方以落叶的梗相互交叉，各人抓着树叶梗的两端往里拽，哪一方的树叶梗先断了，就是哪方失败 。就是这简单的游戏，都让阿槑他们乐此不疲 。

扔飞机果

阿槑的学校里有几个高大的枫杨树，一到秋天枫杨的果实就一串串地挂满了树枝。枫杨果长得很有趣，每个果实都带着两个小翅膀，从树上落下的时候就旋转着下落，很像飞机的螺旋桨，阿槑他们就为枫杨果取了一个形象的名字“飞机果”。阿槑和小伙伴们每每捡了一大把“飞机果”装口袋里，然后跑到教学楼的顶楼，从上面把果实往空中一扔，漫天的“飞机果”随着孩子的欢呼声，轻盈地旋转落下，儿时的这景象好令人神往！

滚铁箍

小公鸡头（小男孩）最爱的游戏之一就是滚铁箍了。阿槑他们常常几个人背着书包，手里拿着铁钩，推着铁箍在巷子里疯跑，“哗啷哗啷”的声音响成一片，嘴里不时发出汽车喇叭的嘀嘀声，有的人则粗鲁地大喊：“让开，让开！”大家都比着谁能坚持到最后。阿槑的技术是不行的，往往是第一个败下阵来，而胜者往往是调皮大王毛头！

阿槑他们除了滚铁箍外，最钟情的就是刷地砣了，常常还斗地砣，一群小孩把鞭子抽得“啪啪”的响，看着地砣飞速地旋转，特别有成就感！

立冬

水始冰　地始凍　雉入大水爲蜃

【冬天洗澡】是大事

在家洗澡很麻烦

到了冬天，天一冷洗澡就是一件大难题。阿槑家所住的老城南，都是没有卫浴的老式住房。天热的时候还能在里屋或是自家院子里搭建的小浴室里洗澡，天冷的时候，就不是那么方便了。阿槑小的时候，到了冬天，在家里洗澡就要提前准备好久。首先要用一个竹衣架挂在屋里的横梁上，再用一个厚厚的透明塑料浴帐夹在竹衣架上，塑料浴帐下面放一个木制的大澡盆。奶奶烧了很多水瓶热水，不停地往大澡盆里倒热水，随着热气的增加，浴帐渐渐地鼓了起来。于是洗澡就像打仗一样赶时间，水一会就冷，一边洗澡还要一边不停往盆里倒热水，但热水倒满后就要抓紧时间洗澡，不然水一冷就会感冒。

最痛苦的是洗完澡后，还要一桶一桶地将洗澡水拎出去倒掉，常常弄得地上都是积水，很不舒服。哎，这难熬的冬天刚刚开始！

快乐的老澡堂子

爷爷可不屑于在家这么碍手碍脚、一点都不痛快地洗澡。爷爷都是去澡堂子泡澡。南京有名的澡堂有聚恩泉浴室、三新池浴室、三清池浴室等。爷爷常去的是三山街的三新池，基本隔一天就去一次，都是大早去赶“头汤”——每天第一池的水，干净。爷爷总是和一帮澡友坐在大池的最里面，一起吊嗓子，唱京戏。等把全身泡舒服了，就找个搓背的搓一下，洗得干干净净，到大堂里的座位躺下，服务员立马扔过来两条毛巾，把全身擦干了暖和。接着喝一口刚泡的碧螺春，眯个回笼觉，好不惬意！有时候再喊个修脚师傅帮把脚上的鸡眼老茧修一下，再捶捶腿，一身轻松地穿上衣裳，红光满面精神百倍地回家。这澡堂子里可是冬天最让人享受和悠闲的地方！

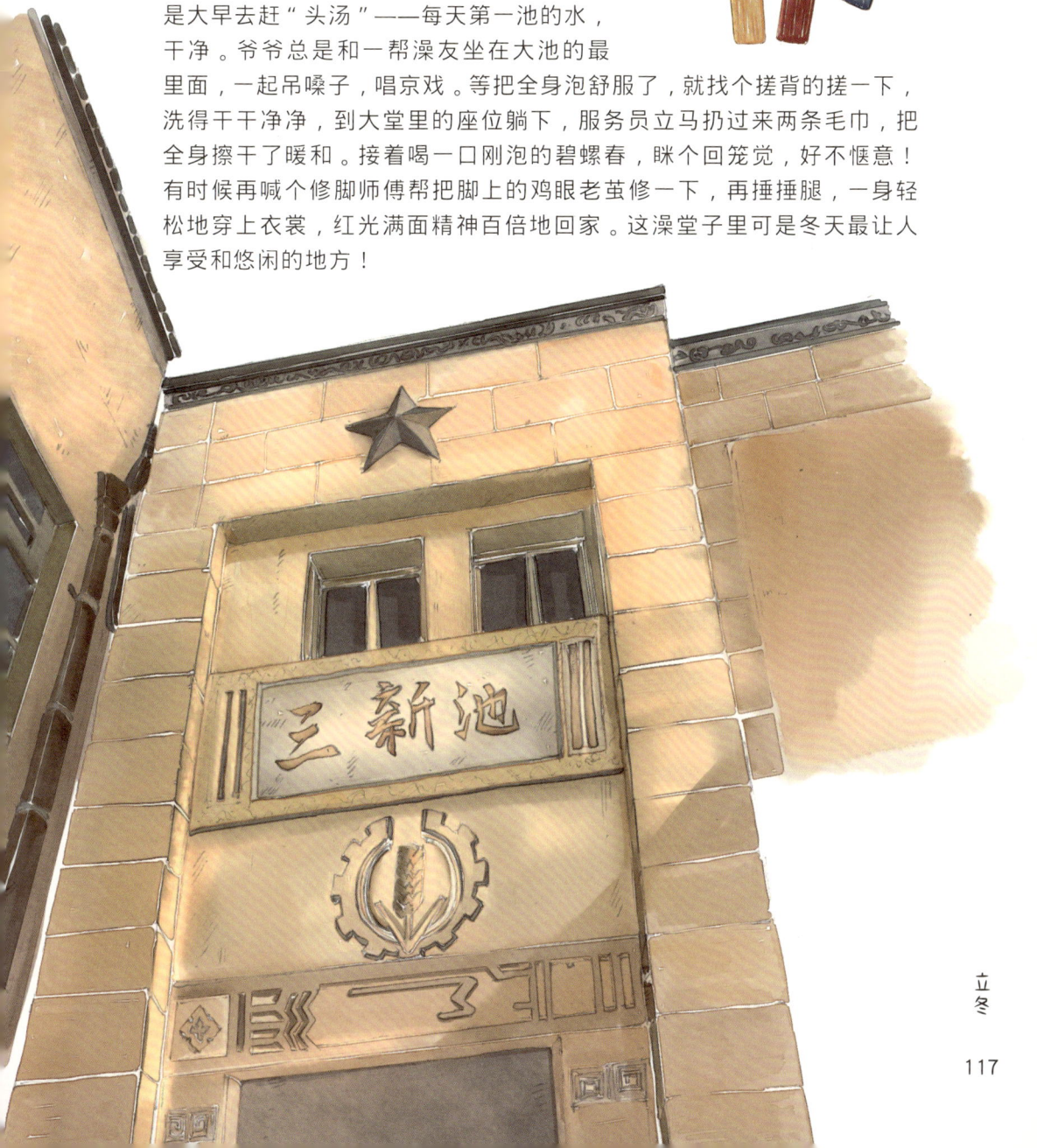

飞毛巾
小吃
搓背
修脚
下棋

这个冬天

【不太冷】

跳绳、踢毽子、丢沙包、跳皮筋

跳长绳

在寒冷的冬天里，阿槑这些小皮猴子就要玩一些运动量大的游戏，既暖和了身体，又可以给裹得像个蒲包一样的身子松松骨头。

学校里最流行的是跳绳。说到跳绳，分为单人跳绳和跳长绳。燕子和毛头可是跳单绳的行家，一分钟两百个不是问题，而阿槑就不行了，反应慢，节奏跟不上，体育课跳绳从来就没及格过。跳长绳是由两个人负责甩绳，其他人按顺序连贯跳过长绳，如果哪个没跳过，则下来替换甩绳的人。

跳绳

城门城门几丈高

踢毽子

跳绳

鸡毛毽子

毽子是女孩儿们最爱的玩具之一，毽子有两种做法，一种是鲜艳的鸡毛毽子，另一种是用塑料绳做的毽子。从美观的角度来说，当然鸡毛毽子是又精神又漂亮；而从好踢的角度看，塑料绳毽子则更容易把控，一个毽子可以玩整个冬天。

女孩儿们另一个传统游戏就是跳牛皮筋。这个游戏也很简单，由两个人架着皮筋，其余人边唱口诀边跳，跳过一级再升高一级，最高可以升到和人高度一样。如果没有人架皮筋，则找两棵树绕好跳，或是一人架皮筋，另一边绕树上。而阿槑每次都是起到了树的作用。

砸沙包则是男女都可以玩的游戏，由两人分别站两边，其余人在中间，两人对着中间人扔沙包，中间人躲避，别扔到的人就算输了，就下来替换砸的人。

正是这些简单却有趣的游戏，陪伴着阿槑成长，让这个冬天不太冷。

砸沙包

小雪

虹藏不見 天氣上升地氣下降
閉塞而成冬

【冬天的装备】

棉口罩
棉帽
奶奶做棉衣
棉毛裤
棉毛衫
工农兵牌
奶奶做棉裤
棉手套

【小雪腌菜】

一年一度盐腌菜的时节到了。趁着大晴天，邻里街坊家家户户都把买来的大青菜和雪里蕻靠在墙边、窗台或挂在竹竿晒上两天太阳，让腌菜稍微干一些。

腌菜缸

老南京对盐腌菜有讲究的，说要手“好”的人才能腌出好吃的腌菜；如果手“糟”的腌的腌菜必然不好吃，更差的还会让整缸的腌菜烂掉。槑妈的手就是传说中的腌菜“神”手。

槑妈每次腌菜都有两个得力的帮手：阿槑和奶奶。在腌菜的前两天，槑妈就把家里的一个大缸和一个小坛子洗得干干净净。大的缸是用来腌大青菜的，小的那口坛子则是腌雪里蕻用的。

槑妈用粗盐把所有的菜细致均匀地码一遍，一层一层整齐地放在缸里，最后用一块大青石压在上面，把缸口封好。隔几天打开翻动一次，并加入碎生姜末，约一个月后，当腌菜散发着扑鼻的菜香味和黄亮的光泽时，腌菜就腌好了。

这两坛腌菜便是阿槑家未来几个月的烹调必不可少的美味。

小雪

赶着太阳

【晒被子】

这几天天气很不错，初冬的太阳晒得人身上暖融融的。爷爷搬着一个竹椅坐在院子里一边晒太阳一边听京剧；奶奶则忙着趁着太阳把家里所有棉被拿出来晒。南京的冬天总是雨雪一下就好多天，湿嗒嗒的棉被让人很无奈，所以抢着太阳晒被单，是老南京人冬天最重要工作之一。

奶奶把院子里的竹竿都晒满了，还拉了绳子来晒，然后便在院子里晒着太阳做针线活。午后的阳光轻轻柔柔的抚慰着人的全身，让人舒畅而慵懒，于是做了一个温暖的梦。

到了下午三点多，在阿槑放学前奶奶用拍子把被子上的灰尘拍了拍，就趁着太阳还有“劲”的时候，将被子收回了家。那晒足了太阳的棉被，蓬蓬软软的，暖暖的，充满了阳光的味道。今天全家都会睡个好觉，做个好梦！

大雪

鶡鴠不鳴
虎始交
荔挺出

今年流行【送挂历】

新年快到了，爷爷一早就和爸爸槑妈唠叨要换新的挂历了，有新挂历赶紧拿回来。阿槑小时候，到了新年家家户户时新挂挂历。这挂历一般是铜版纸的，一份十二张，也有少的一份六张的，都是企业印刷送客户用的。更有高档的分两层，上面是一层彩塑的塑料纸，下面是一层白卡纸，这种挂历挂在墙上颜色又鲜艳又时尚，更受年轻人欢迎。这些挂历主要都是明星的照片，山水风景或者国画为主。阿槑最喜欢的就是小虎队的，爷爷奶奶最喜欢国画生肖的，而爸爸槑妈喜欢的是山水风景的，用槑妈的话说，世界各地美景挂在墙上没去过也可以就近欣赏欣赏。

挂历在很长的一段时间里不但是大家新年社交的好礼品，连过了期的旧挂历都大有用途。

旧挂历是包书的好材料，每学期阿槑的新课本都是用旧挂历来包的，又挺括又耐用，比爸爸小时候的牛皮纸的包书壳好看多了。随着阿槑的年级增加，要包的书也越来越多，挂历越来越不够用了。

槑妈跟她的同事学会了一门技术，用旧挂历特别是带塑料皮的旧挂历折钱包，折出来的钱包颜色亮丽，很有质感，再上一个纽扣，和店里卖的一个样。可不，后来这挂历纸做的钱包还真在街上卖了起来，价格高的比新挂历还贵！

售价每只
10元
挂历钱包

巧手的家庭主妇们不但用旧挂历做钱包，还创造性地做出了挂历门帘，真是创意改变生活！

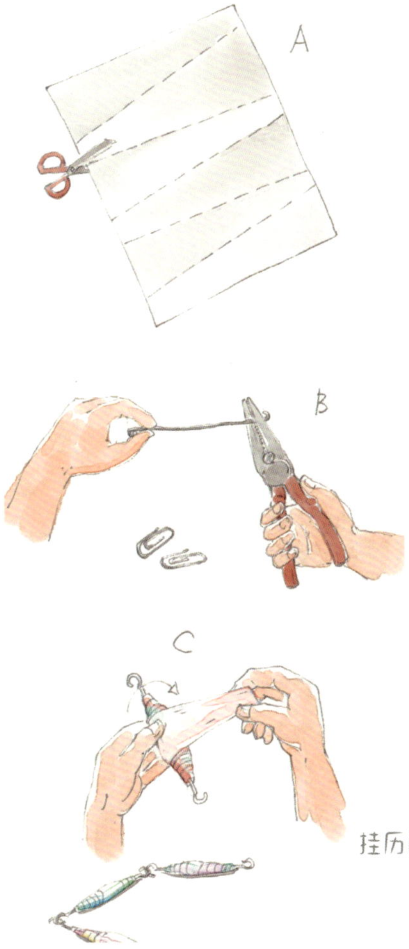
A
B
C

挂历门帘

【大雪腌肉】

“小雪腌菜，大雪腌肉。”大雪快到了，老南京人家家户户就会忙碌起来，纷纷张罗着风鸡、腌咸鱼、咸肉、咸鸭、咸鹅。自家做的咸货吃起来就是放心。

奶奶提前20多天将腌鱼腌肉的花椒和大籽盐炒好，把腌肉的缸也洗晒干净，准备开始腌制咸鱼咸肉。

奶奶这次买了两条大鲫鱼和一条“翘嘴白”（白鱼的一种）和十斤猪肋条肉，又买了两只肥壮的雁鹅和一只绿头鸭以及一只两斤重的小公鸡。奶奶负责将所有要腌的鱼肉和鹅鸭开膛破肚放血擦干净（切记是用干净的抹布擦干净，不能用水洗），并码上椒盐，来回搓个十分钟。槑妈则负责将这些食材整整齐齐地放在缸里压紧并用腌肉大青石压在上面。第一步便完成了。

接下来的半个月里，槑妈的任务就是每隔四五天把咸货翻个身，把渗出来的水倒掉。大概把咸肉翻身两次后就可以拿出来，放在朝北背阴的地方去风干。如此过了一周，咸肉、咸鱼、咸鹅和咸鸭便随时可以做成美味佳肴进入阿槑的五脏庙啦。

这些咸货吃的时候需要用淘米水浸泡个几小时，这样蒸煮出来的就是南京人过冬天最常吃最美味的腊味了。

存足煤墼【备过冬】

在阿槑小时候，家里烧饭烧水的主力都是煤炉，虽然刚流行的煤气炉阿槑家也有，但煤气的价格就贵了，仅限于炒菜时用。到了冬天煤炉的作用就更加突出了，放在堂屋里，通个白铁皮的管子到屋外，还能够作为暖气管来取暖。煤炉唱主角，煤墼是核心。奶奶早早地就准备好了储备过冬的煤墼（jī），保证一家人的冬天不受冻。

煤墼又叫蜂窝煤，圆柱体形状，有 12 个煤孔眼。每个煤墼 1 斤 8 两。早先都是凭煤墼票供应：每户 4 到 5 人每月供应 120 只。奶奶为了保证家里取暖的煤墼够用，又买了 50 个黑市的煤墼，心里才踏实。

阿槑跟奶奶学了一手点煤炉的好手艺，从斗火到换煤墼手到擒来

一到过年前煤墼特别吃香，煤墼店里里外外买煤墼的人就比平时多起来，营业员屁颠颠忙前跑后地点数发货。煤墼店里有送货上门服务，但要收取“送力费”。对不需要送货服务的，煤墼店还提供免费“便民担”借用。

冬至

蚯蚓結
麋角解
水泉動

【进九了】

九九歌

一九二九不出手

三九四九冰上走

五九六九沿河看柳

七九河冻开 八九雁归来

九九加一九，耕牛遍地走。

从冬至这一天起，一年中最冷的日子就到来了。爷爷给了阿槑一张空白的画，上面有一株梅树开了九朵梅花，每朵梅花有九瓣。爷爷对阿槑说，从冬至起每天涂一个花瓣的颜色，当这九朵梅花的颜色都涂满的时候，寒冷的冬天就过去了，这幅画就是有名的“九九消寒图”。

爷爷自己也有一张，不过不同的是爷爷的那张写有“庭前看柳珍重待春风”这九个空心字的描红图，这九个字每个字都是九笔，爷爷每天练毛笔字的时候描一笔，写完这九个字，也就出九了。

阿槑不禁敬佩我们老祖宗连过数九寒冬都是这么文艺！

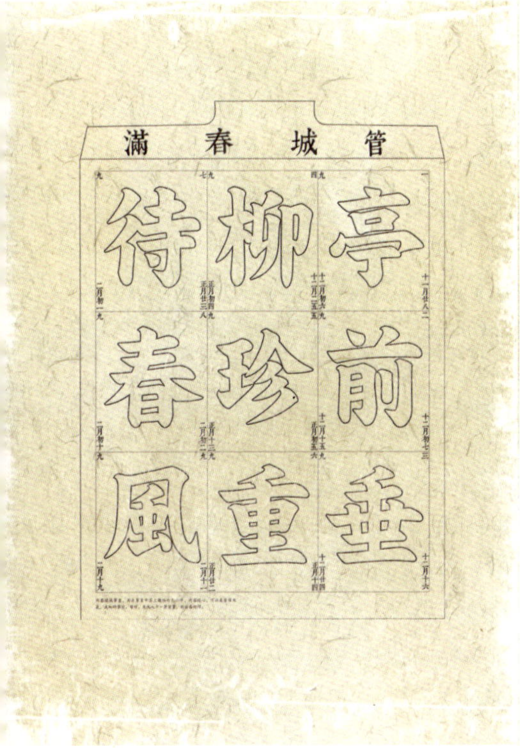

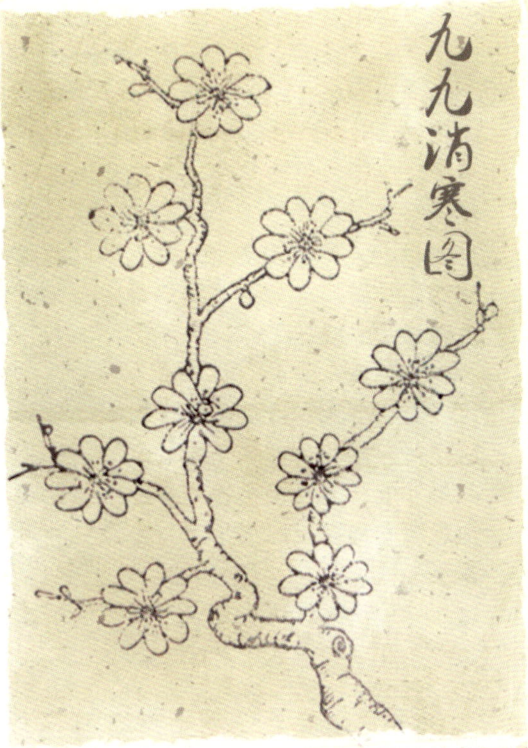

【进九一只鸡】

冬至一大早，奶奶就去菜场买了一只三年左右四斤多重的黑色脚、棕黄毛油光撒亮的老母鸡。奶奶说这是乡下家养的土鸡，吃糠吃虫子长大的，最补了！老南京有个传统，“冬至一九一只鸡”。从冬至开始，入每一个九，都要吃一顿老母鸡汤。鸡肉是暖性的，冬天吃鸡肉可以驱寒气，一家人喝鸡汤、吃鸡肉，以肥美的鸡肉鲜浓的汤进行冬补，整个冬天身子都不会冻坏。

俗话说“冬至大似年”，老南京人流传下来这鸡汤的炖法可是特别有讲究。奶奶把母鸡宰了放干净血，拔毛洗净后挂到通风的地方，还特为（特意）要把肚膛用细竹篾子撑开，吹上个把两个小时，沥干表面和肚膛里的水分。然后烧一大锅热水把鸡放进去过个水，将血腥味和浮沫漂走，将这一锅水倒掉。奶奶将洗净泡好的香菇塞进老母鸡的肚子里面，重新放一锅冷水，将生姜片、扎成结的葱和老母鸡一起放入锅内，用小火慢慢煨，开始真正的炖鸡汤。

时间慢慢地过去，鸡汤的香味渐渐飘散出来，馋嘴的阿槑就控制不住自己了，想偷偷打开锅盖闻闻香。奶奶急忙打开阿槑的手，说盖子不能开，开了就“跑气了”，烧出来的鸡汤就不香了。等鸡汤开了，锅盖子发出“卡愣卡愣”的响声，奶奶便将火关掉，焖个十分钟，如此反复四五次，放盐后，再用大火把鸡汤烧开，一锅喷香扑鼻的香菇鸡汤便烧好了！

冬至当天，南京人除了要喝老母鸡汤，还吃青菜烧豆腐。虽然这一素到底的菜提不起阿槑的兴趣，但却是冬至必不可少的保留菜品。奶奶一边念叨着青菜豆腐保平安，一边往阿槑的碗里夹青菜。

哎，其实对阿槑来说，用鸡汤感受冬至就完全够了。

鸡汤

【冬至祭祖】烧纸钱

奶奶对阿槑说冬至是全年白天最短夜里最长的一天，阳气也最弱，所以这一天放学后不要在外面玩，早点回家。吃完晚饭奶奶便会和阿槑一起去祭祖。最早时候，各家各户都要备好酒菜和纸钱，以祭奠先祖、亡人。对新近逝去的先人，还要上坟祭祀，以示对逝者的怀念。后来逐渐简化为在家门口以烧金箔、纸钱的方式

【生日快乐，阿槑！】

阿槑的生日很特别，是 12 月 31 日夜里 24 点也就是 1 月 1 日的早晨零点生的，是最大的生日也是最小的生日。

疼爱阿槑的奶奶在阿槑的生日当天早晨都会做一碗放着两个金黄色荷包蛋的长寿面，取吃了长寿面“长长久久”的寓意。

老爸在阿槑起床的时候，拍拍阿槑屁股说：“哎哟，今天长尾巴啦！”“长尾巴”是南京人对小孩过生日的俗称。南京人从小孩出生满月起，在满月酒席上到以后过周岁，每次生日皆称为“长尾巴”，寓意小孩尾巴长，命长。

这天，“小寿星”阿槑是主角，外婆送来了一整套新衣新裤新鞋，还有两条云片大糕，寓意“又大了又高了”！爸爸妈妈为阿槑买了生日蛋糕和新玩具，爷爷则直接给了个大红包。今天阿槑过得真是太开心了！

HAPPY BRITHDAY
又大了
又高了
外婆送
爸爸
云片大糕
N
外婆送
爷爷
红包
外婆送
妈妈

小寒

雁北鄉

鵲始巢

雉始鴝

【放假了】

终于熬到期末考试结束了，鹅毛大雪把整个南京城都覆盖了，整个城市银装素裹，这让阿呆非常兴奋，可以打雪仗了！南京的寒冬往往都是以雨夹雪为主，一边下一边化，很少能积下来厚厚的大雪。像这种大雪，对阿呆这些小孩来说绝对是少见的惊喜！

第二天，阿槑去学校拿了成绩报告单，老师说了假期注意事项布置了寒假作业后，阿槑的假期正式开始了！在回家的路上，阿槑和小伙伴们就开始疯狂地打雪仗了！大家在雪地里奔跑，也顾不上两只小手冻得像胡萝卜，衣服都被冰雪湿透，脸被雪球给打痛，只想在这白漫漫的雪地上撒个野！

一场雪仗下来，每个小孩身上从里到外都湿透了，外面是雪水，里面是汗水，大家喘着粗气，头上冒着热气，小脸通红，手指已经被冻得麻木，不过真的很过瘾！很过瘾！这才是孩子们的冬天！

做玉米棍

解馋的【冬季零食】

快到年底时，阿槑家的小巷总会出现一个炸炒米的老爷爷，推着小推车，车子上是铁葫芦一样带着仪表的铁锅，还有小炭炉子、纱口袋等。有人来炸炒米了！不一会儿，小孩们就拿着茶缸抱着小米口袋围了过来。老爷爷一边摇着炒米机，一边拉着风箱，忽然拉风箱的速度加快了，待锅内压力达到一定程度（锅上有压力表），他大喊一声："要炸了——！"孩子们闻声立刻捂着耳朵，作鸟兽散。等这"轰"的一声巨响过后，孩子们重新又聚拢过来，安放好惊魂未定的心，便迫不及待地捡起香喷喷的炒米来……

阿槑一直很佩服这炸炒米的老爷爷和他那神奇的机器，能把一粒米变成膨胀到数倍的香喷喷的炒米，把那硬邦邦的玉米粒变成香甜的爆米花，这老爷爷那一双黝黑而布满裂痕的大手可以媲美伟大的魔术师了！

爆米花

炸炒米

除了炸炒米外，老爷爷还有时带着做玉米棍的机器，做上一根又一根长长的金黄的玉米棍，阿槑他们围着眼馋巴巴的，最终掏出口袋里所有的零花钱，才得到那梦寐以求的可以吃又可以玩的“金箍棒”！

阿槑还喜欢的一个冬天的零食就是烤山芋，这样东西可是冬天里的“暖到心”的美食。一般都是用大汽油桶改装过的炉子，在炉膛里升起火，把山芋在炉膛里放好烘烤，过不多久扑鼻的香气就飘散出来了。烤好的山芋虽然黑不溜秋，其貌不扬，但只要剥开焦脆的皮，那橘红色的瓤和甜香味就迎面而来，让人垂涎欲滴。

山芋

烤熟的山芋香糯绵软，不但阿槑爱吃，奶奶也很爱吃，常常奶奶出钱，阿槑跑腿，买一只大大的红心山芋，祖孙俩一边捂着手，一边享受这冬天独有的美味。

烤

小寒

【腊八节喝腊八粥】

又到“腊八”了，南京的各大寺院都会向老百姓们施舍腊八粥。

“腊八”去寺庙领腊八粥是很多南京人的习惯，因为“腊八”是中国佛教的节日，传说农历腊月初八是释迦牟尼成佛日，所以在这一天，佛门弟子举行诵经，并取香菇造粥供佛，取名“腊八粥”，后来这一习俗就在民间流传。

老早的腊八粥其实没有那么多的原料，除了糯米外，就放了枣栗果仁等，发展到后来，赤豆、莲子、白果、花生、银耳等都加入了进来，到现在毗卢寺的腊八粥里的食材已经达到近四十种，成了南京的一大特色。

腊八粥

阿槑至今还保留着腊八这天去毗卢寺领腊八粥的习惯。阿槑不仅记得腊八是佛祖的得道日，是喝温暖可口腊八粥的日子，还记得腊八后的一天，是他最爱的奶奶的生日。

老南京的【御寒方法】

汤婆子

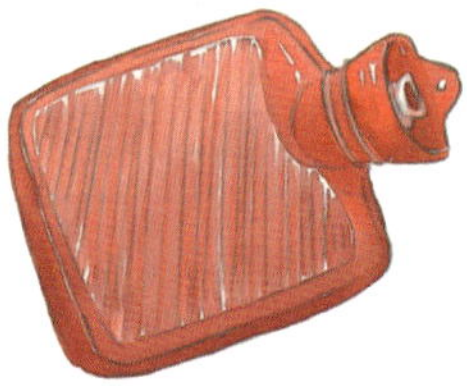

水焐子

写作业的神器

小手炉

盐水瓶

雨雪天烘衣服

大寒

雞乳 征鳥厲疾 水澤腹堅

欢欢喜喜【备年货】

南京城里淘年货最热闹的地方就数长江路上的“长江南北货商店”和三山街的“金陵南北货商店”了。全国的土特产在里头都能买到，各种瓜果炒货海鲜、腌腊糟醉酱、糖烟酒茶奶粉罐头，柜子、墙上挂的满满都是。阿槑最开心的就是跟槑妈去金陵南北货商店买年货，作为小孩儿就喜欢乱窜，勾着头扒着柜台望，看什么都新鲜。对阿槑来说，那里简直就是天堂。相比现在的超市商场更热闹，也更有人情味。

【煮咸货】

进入腊月，奶奶把家里为备战年三十腌好的咸货都整理好，洗干净了。奶奶从厨房里找出了一个专门煮咸货用的大钢精锅，把煤炉的火调好，开始煮咸货了。第一批下锅的是小肚和香肠，接着是咸鸡咸鸭和鸭肫之类，最后煮的是咸肉。

所有的咸货都煮熟了，放起来有满满一大铝盆。诱人的腊香味四散溢出，勾得正在做寒假作业的阿槑寻味来到了厨房，缠着奶奶切一些给他吃。奶奶缠不过，切了一小块瘦咸肉给阿槑拿着解馋去了。

【二十三】送灶王

转眼就到腊月二十三了，奶奶说，腊月二十三就是开始过年了，一般称之为小年。过年不是一件随随便便的事情，从腊月二十三开始，一直到除夕，几乎每一天都有对应的传统年俗。

小时候很多人家有灶台，灶台上设有“灶王爷”的神位，管理各家的灶火，是一大家子的保护神。一年过到头，这家人干的事情，无论好坏，灶王爷都清清楚楚地看在眼里。每年腊月二十三这天，灶王爷就要上天向玉皇大帝汇报这一家人的善行或者恶行，玉皇大帝会根据灶王爷的汇报，决定在新的一年里给这户人家降下福还是祸。因此，祭灶王爷是非常重要的一个事。

哎哟，我的牙齿被黏住了！
我也是！

老南京以前有“军三民四龟五”的规矩，官家是二十三祭灶，老百姓家迟一天，到二十四才祭灶王，到后来也没这么讲究了，都统一到腊月二十三了。

供奉灶王爷当然得用甜甜的灶糖了，让他吃得甜甜的，上天汇报时尽讲好话，这叫“上天言好事，下界保平安”。除了供灶糖，奶奶还烧了红枣汤供奉给灶王爷。然后，把印着灶王爷神像的纸烧掉，灶王爷就上天去了。要等到七天以后，也就是除夕那天，再贴上新的灶王爷神像，也就是“接灶”，灶王爷总算是从天上回来了。

灶王爷啊，上天帮我家多说说好话哦！

【掸尘扫房子】

今天是腊月二十四了，“腊月二十四，掸尘扫房子”。中国在尧舜时代就有春节扫尘的风俗。掸尘时要用稻草和一根比人的身高还长的竹竿扎成长扫把，将房子屋梁上、墙角的灰尘和蜘蛛网等脏东西打扫干净。阿槑家开始大扫除行动了，槑妈负责扫地拖地，爸爸负责掸尘除灰，清理垃圾。爸爸用一根长长的鸡毛掸子把墙角屋檐的灰尘和蜘蛛网都清除掉，这时会有几个长腿的蜘蛛落荒而逃，阿槑正要去用手把蜘蛛捏死，却被奶奶制止住了。奶奶说，这是家里的喜蛛，赶快放走，打死是不吉利的。蜘蛛们捡了一条命，赶紧逃得无影无踪了。

经过一天的打扫，阿槑家里焕然一新！

喜蛛

【贴春联】

爷爷这两天想到一副春联：

福照朱门万事兴
喜居宝地千年旺

觉得很是满意，于是立即找来红纸写了下来，将旧的春联换了。又写了一个大大的福字，贴在堂屋的门上。爷爷在集市上买了新版的“年年有余”年画，也用糨糊刷在了堂屋正中。顿时，新年的气象满满的！

大寒

【洗澡剃头】

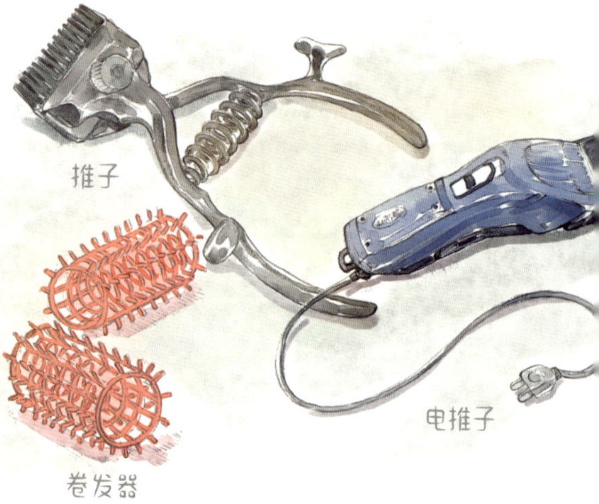

腊月二十八了，还有两天就是除夕，家家户户除了忙着准备过年的菜以外，就是要打扫个人的卫生。

全家人都开始理发洗澡、洗衣服。

阿槑被槑妈押着去理发店又把头发修了一下，而槑妈则是要烫一个流行的新发型。理发店里全是烫头理发的人，槑妈烫头又很费时间，阿槑就等得不耐烦了，最后还是槑妈给钱买“烟火”收买了阿槑。

【换足煤气】过好年

还有一两天过年了，好多地方也要放假了。家里必须菜蔬齐全，炉火燃料也不能短缺。煤墼是奶奶早就储存好的。满满的堆在了厨房里和屋檐下。炒菜用的煤气包也要赶紧换一个气足的（阿槑小时候，还没有管道煤气和天然气，只有煤气包）。这个力气活必须是爸爸来，但阿槑也不示弱，缠着和爸爸一起去换煤气，小伙子，你可以的！

煤气包

酒

【除夕团圆饭】

阿槑终于盼来了大年三十！

这天傍晚五点左右，家家户户的爆竹声已经此起彼伏了。阿槑家就把大门关起来，爸爸放了一串长长的“闭门炮”，表示这一年辛勤的工作结束了！丰盛的团圆饭开始！

年三十这天奶奶烧饭烧了一大锅，特别交代阿槑盛饭要注意留下一个完整的锅巴放在桌上，这叫“元宝锅巴”，昭示着家里以后能够发财。

紧接着，丰盛的菜肴就一样样端上桌了。

【过年了】

吃完年夜饭，槑妈拿出调好的春卷馅子，就和奶奶一起包春卷了。春卷是年夜饭后守岁时吃的点心，阿槑家包的春卷有两种：咸的是韭菜黄肉丝馅，甜的是豆沙馅。不一会，大盘子里的春卷就如小山一样堆了起来，奶奶就开始炸春卷了。看着一根根白色的春卷在油锅里炸至金黄，奶奶用筷子将熟了的春卷挟了起来。阿槑顾不得烫，用手拈起一个一边吹着气一边往嘴里塞，好烫啊！不过真的好香啊！

晚上八点整，万众期待的春晚终于来了，爷爷、奶奶和阿槑一起坐着看春晚，爸爸和槑妈还在厨房里洗碗做家务。槑妈老远就喊：“阿槑啊，费翔出来唱歌喊我一声哦！”而爸爸却说：“阿槑，陈佩斯小品来的时候告诉我哦！”阿槑一边嘴里吃着春卷一边不耐烦地说：“哦！知道了！”

快到十点的时候，槑妈端来了“洪福齐天”汤给大家喝，这“洪福齐天”汤可有大讲究，“洪”是红枣，“福”是福建莲子，“齐”是荸荠，“天”是天生野菱。吃了“洪福齐天”汤，全家幸福安康！

时间一点点地过去了，大家兴致勃勃地看着春晚，这时随着“难忘今宵”歌声的响起，烟花爆竹如煮粥似的爆发出来，新的一年来到了！春天来到了！

阿槑的来斯团队

Original Design
总策划-金立峰
主视觉-罗杰
文字编辑-费雪倩
原画设计-童仕阳
原画设计-陈雨佳
原画设计-吴伟
原画设计-汪梦嘉
排版设计-方佳卉
原画设计-蔡婷